ABCDEFGH
IJKLMNOP
QRSTUVW
XYZ
0
123
456
789

Secrets de l'île Paisible

Les eaux cristallines de Pop'SH

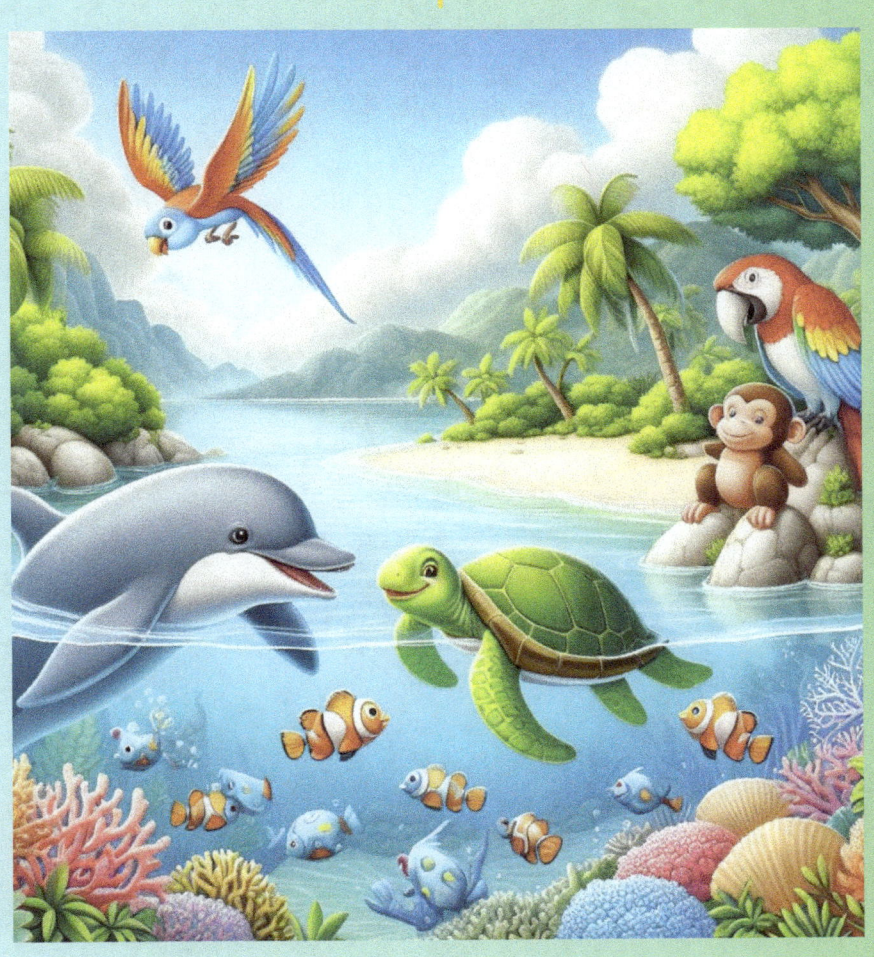

SOMMAIRE

Histoire	pages 6 à 18
Présentation des personnages	pages 20 à 25
Presentation des îles	26 à 28
Explications de textes	30 à 31
Description des personnages	32 à 34
Atelier de créations	36 à 49
Atelier de dessins	50 à 61
Decouverte	65 à 83
Ouvrages	86 à 93
Adresse, contact remerciements	94 à 95

Sur l'île paisible une harmonie unique règne entre ses habitants, où chaque créature, qu'elle soit terrestre ou marine, contribue à maintenir l'équilibre fragile de cet écosystème. Parmi ces résidents se trouvent Damien le Dauphin, Théo la Tortue, Paola le Perroquet, Simon le Singe et Tina le Toucan, chacun apportant sa propre essence à la vie quotidienne sur l'île. Au cœur de cette biodiversité se tissent des liens d'amitié et de complicité, où les récits d'aventures et les échanges secrets se mêlent au murmure des vagues et au chant des arbres, créant ainsi un monde où la magie et la nature se fondent en parfaite symbiose.

Les vacances de printemps

Secrets de l'Île Paisible

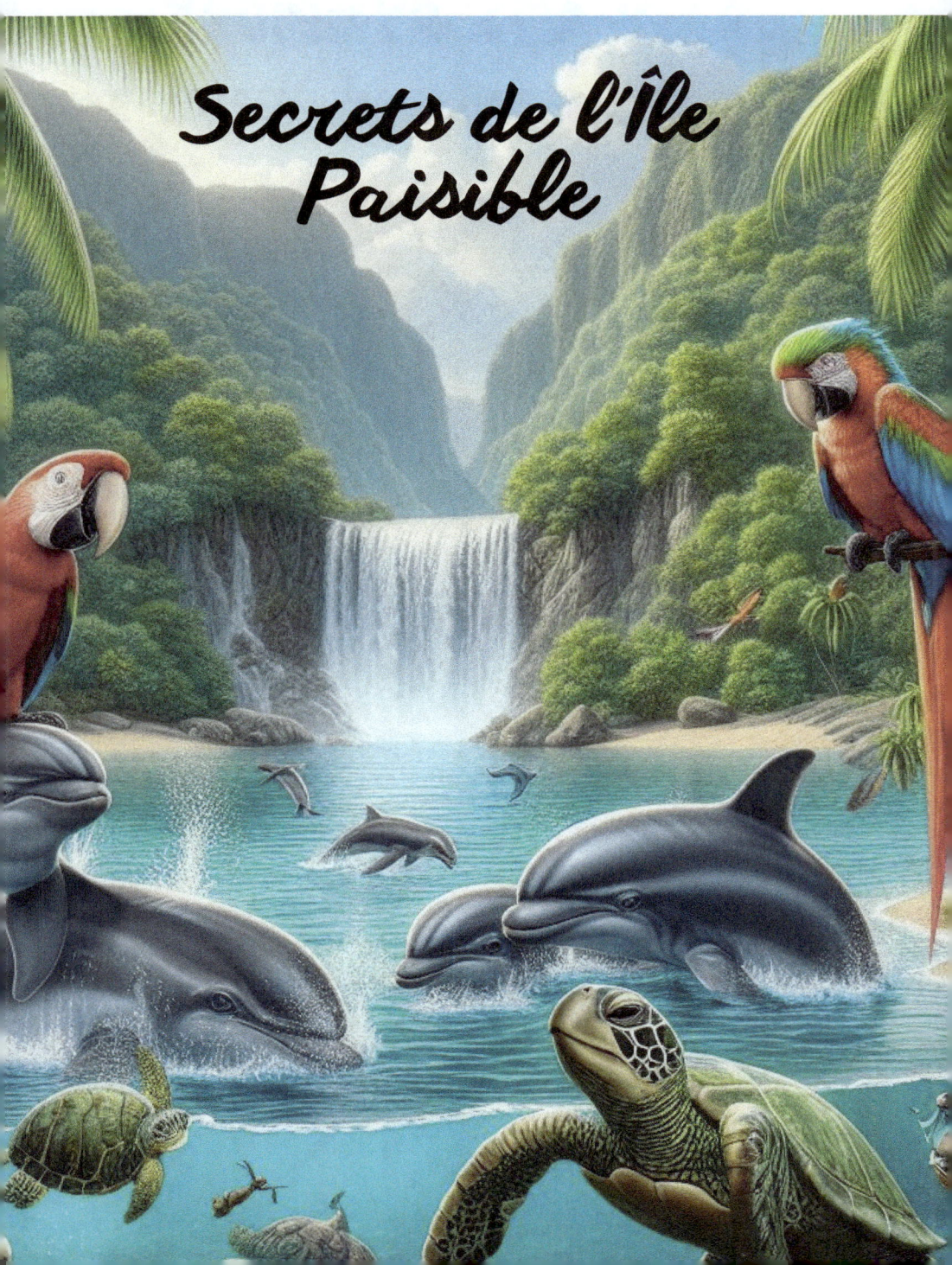

LES ANIMAUX VIVENT EN PARFAITE SYMBIOSE.

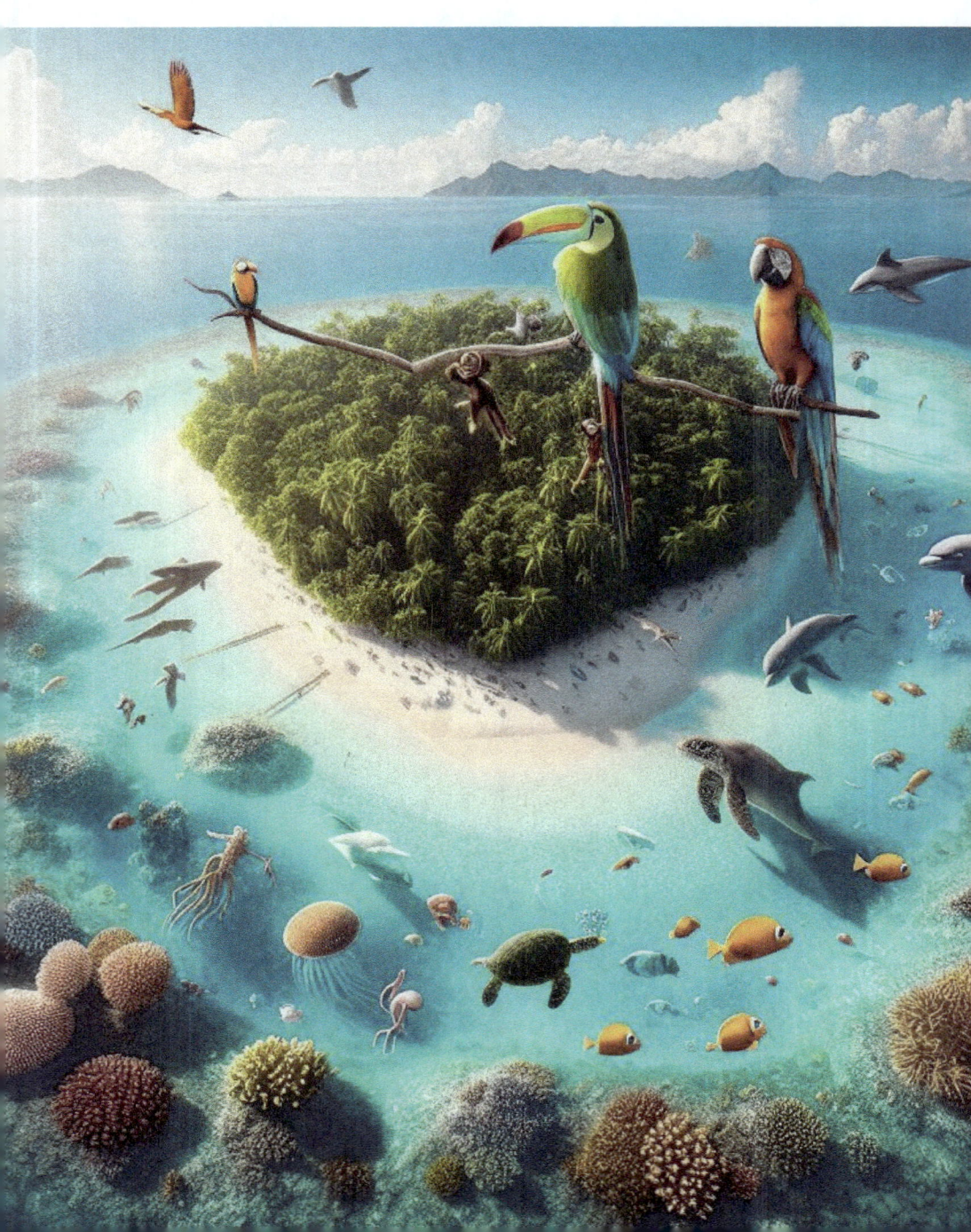

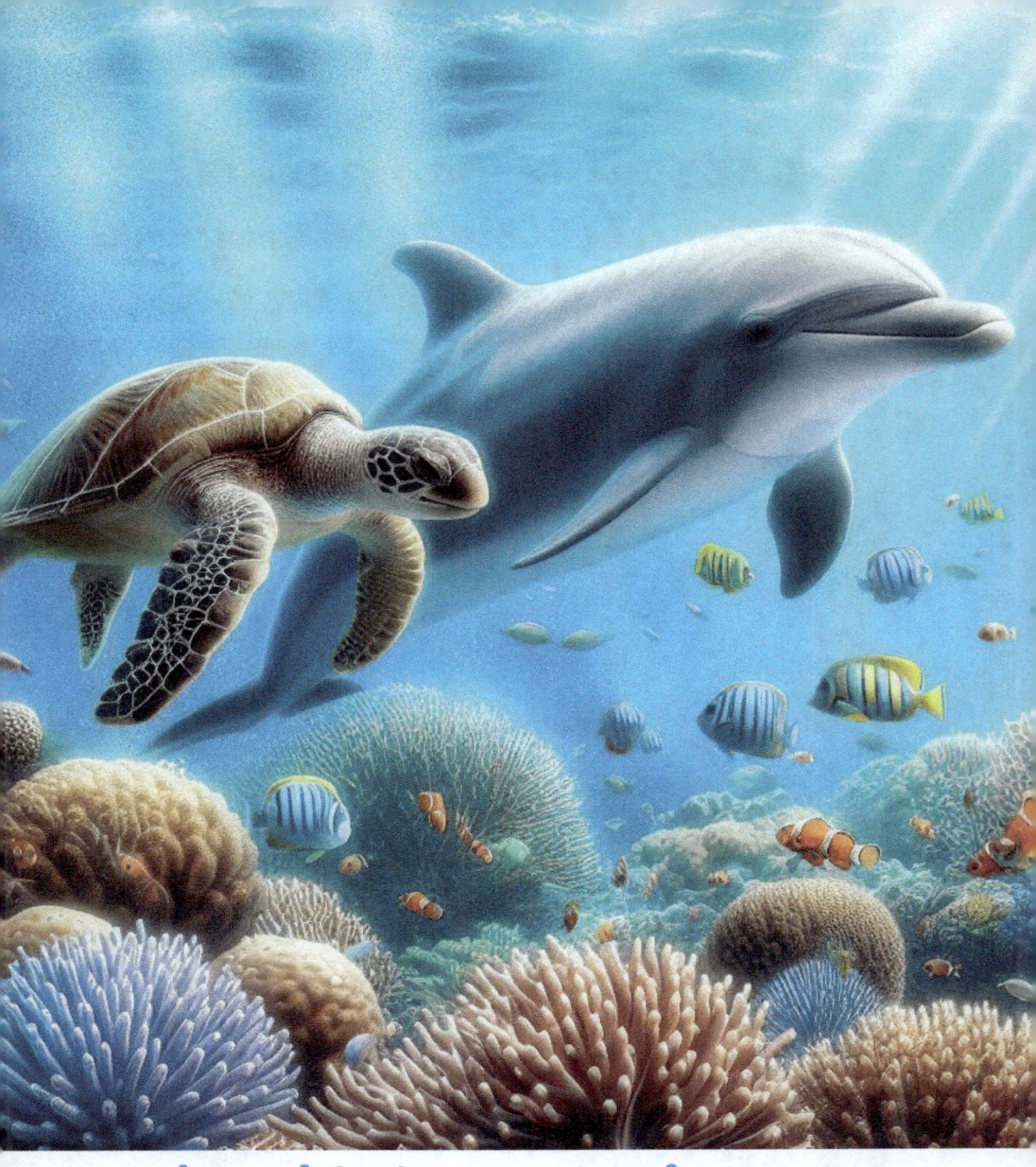

Le dauphin joueur et la tortue sage naviguent côte à côte dans les eaux cristallines, protégeant les coraux et les poissons colorés.

Le perroquet bavard et le singe malicieux échangent des secrets dans la canopée,

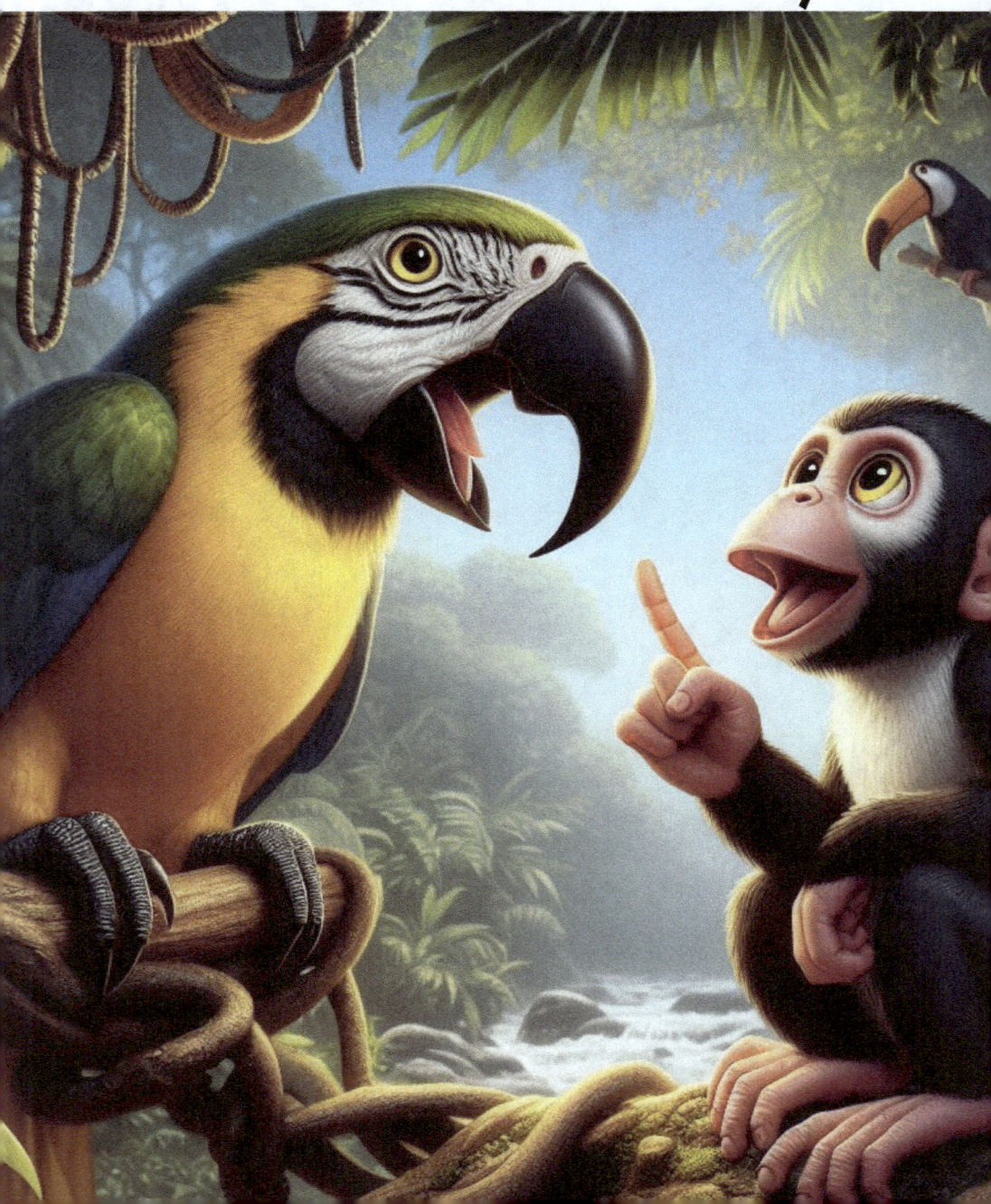

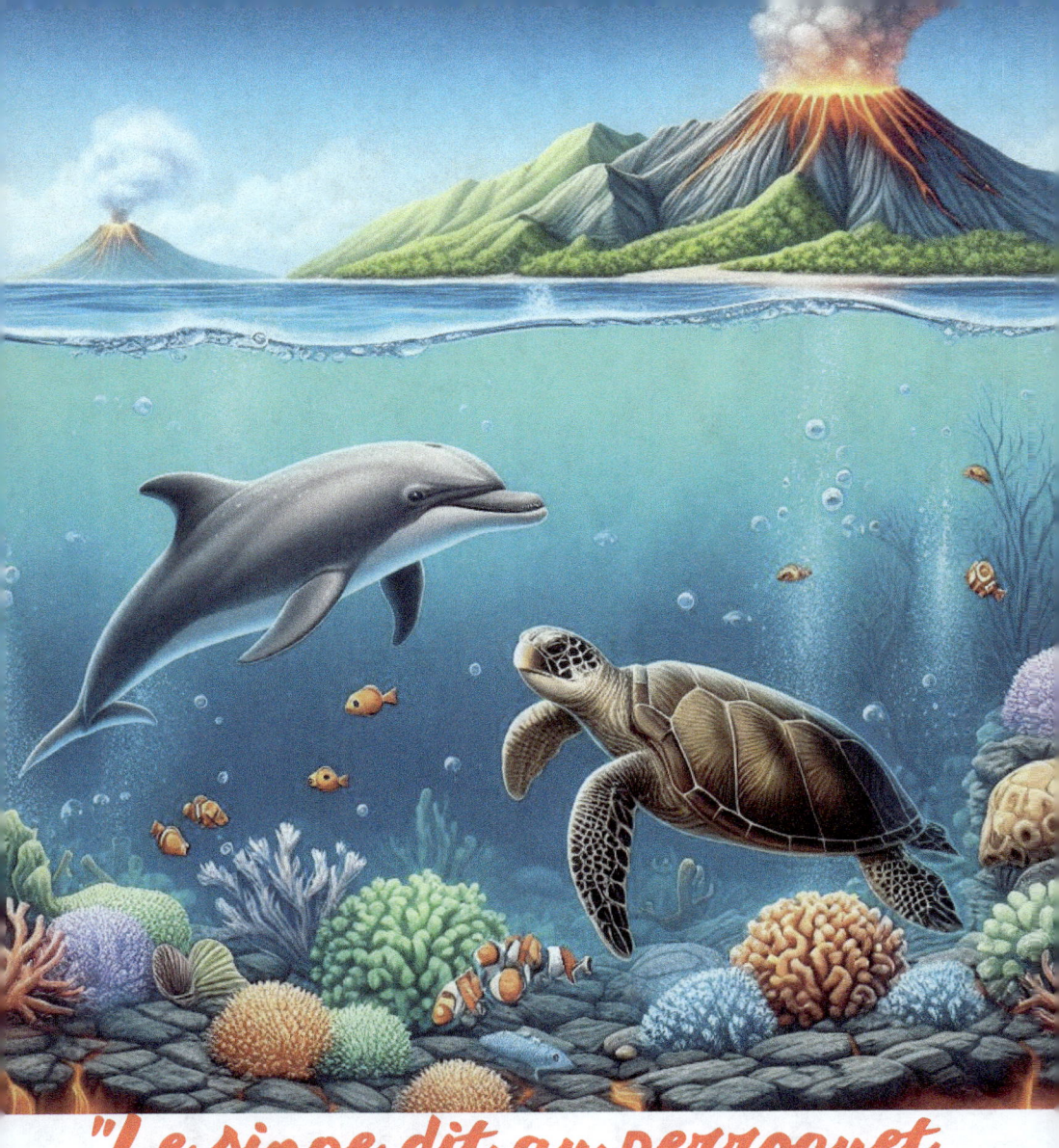

"Le singe dit au perroquet que le dauphin lui a expliqué qu'il vivait sur une île volcanique, et la tortue est d'accord avec le dauphin."

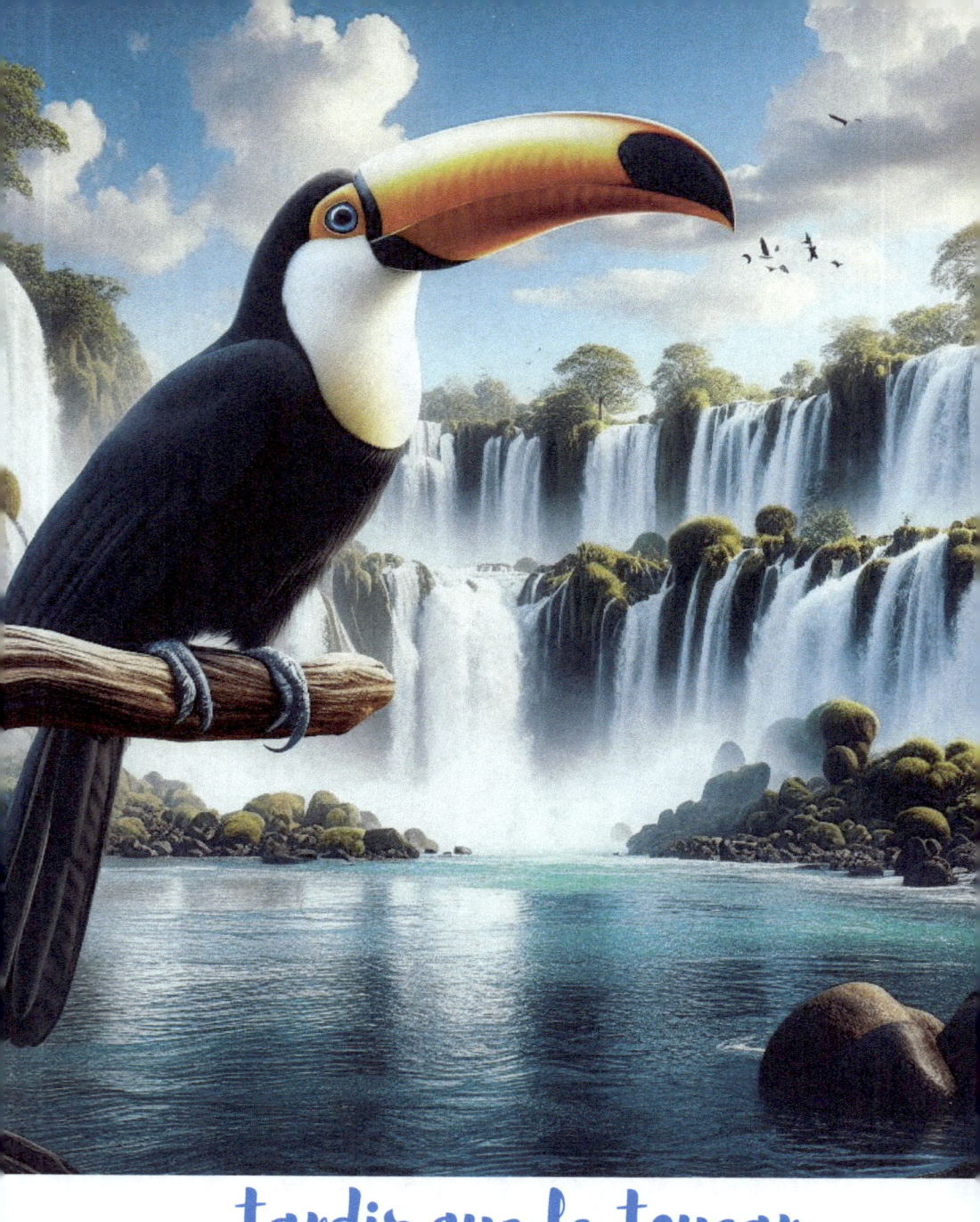

tandis que le toucan majestueux surveille le ciel d'un œil vigilant.

Les animaux échangent des histoires, des secrets tout bas. Le dauphin et la tortue, dans les eaux claires,

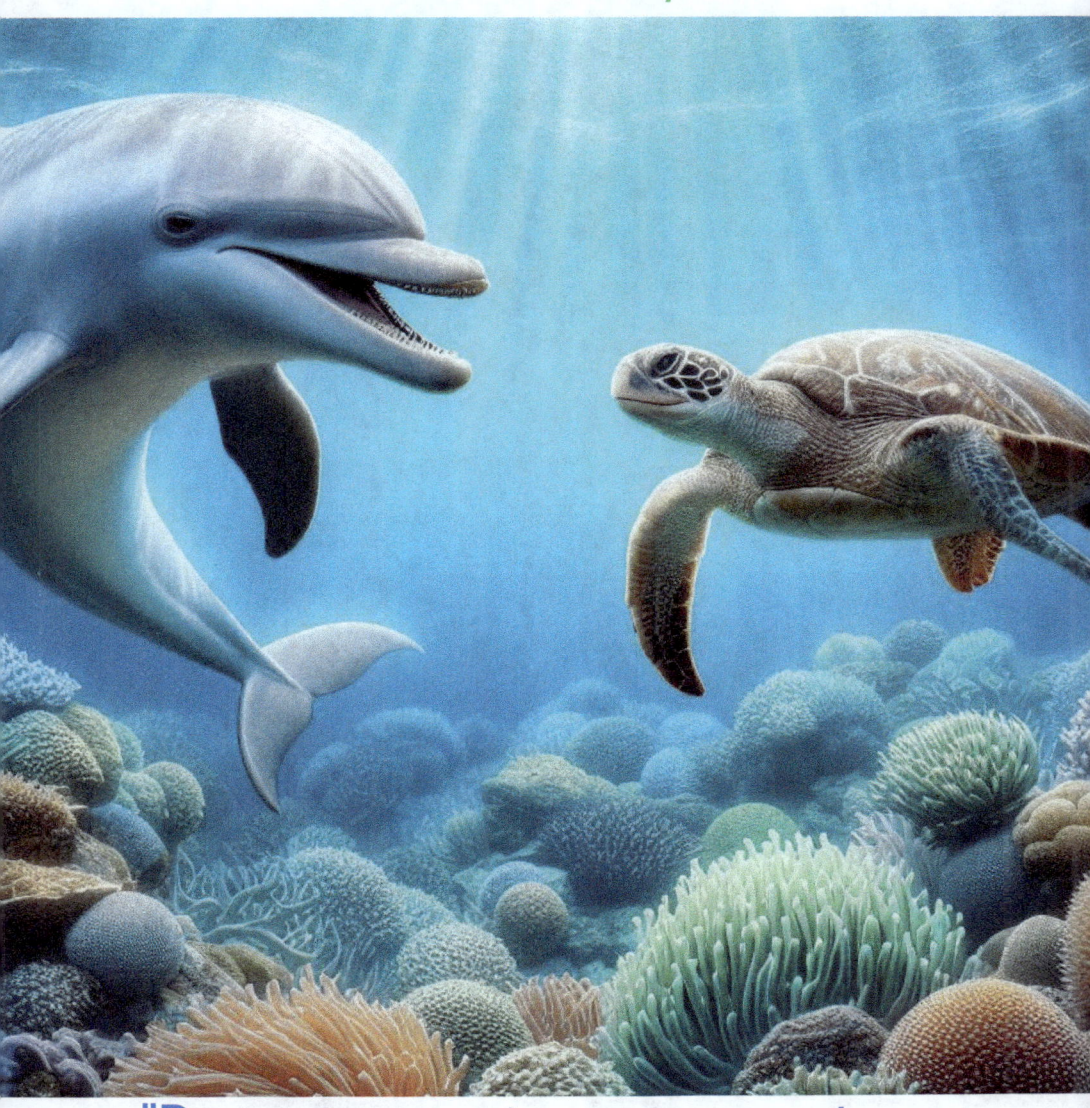

"Raconte-moi ton voyage, tes péripéties légendaires !"

"Tu veux que je te raconte les merveilles de nos océans ?
Eh bien, imagine un monde où les coraux sont comme des forêts magiques, pleines de vie et de couleurs éclatantes. Les anémones, quant à elles, sont comme des danseuses gracieuses, se balançant au rythme des vagues. Et sais-tu ce que j'ai découvert sur les pieuvres ?
Elles sont vraiment incroyables ! Leur intelligence dépasse de loin ce que l'on pourrait imaginer.
Il est important que nous préservions et la protégions. Les coraux sont fragiles, les anémones délicates, et les pieuvres, bien qu'intelligentes, ont besoin d'un environnement sain pour prospérer.

Alors, nageons ensemble vers un avenir où nos océans restent riches en vie et en mystères !"

Le perroquet bavard et le singe malicieux,

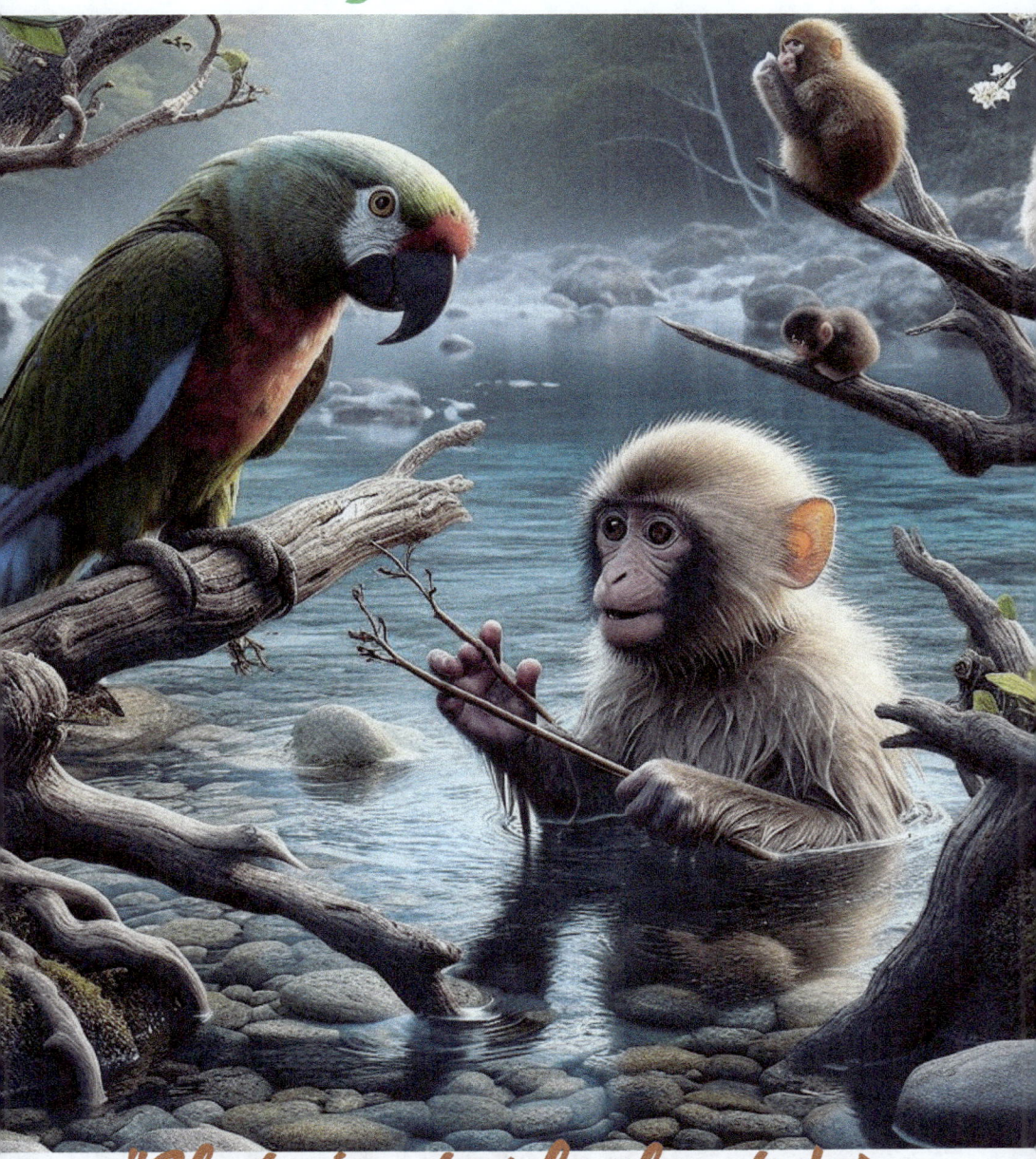

"Chut, écoutez le chant des arbres, si mélodieux !"

QUAND JE PRENDS MON BAIN DU MATIN,
J'APPRÉCIE LA TRANQUILLITÉ DU BRUIT DES BULLES DE SAVON.

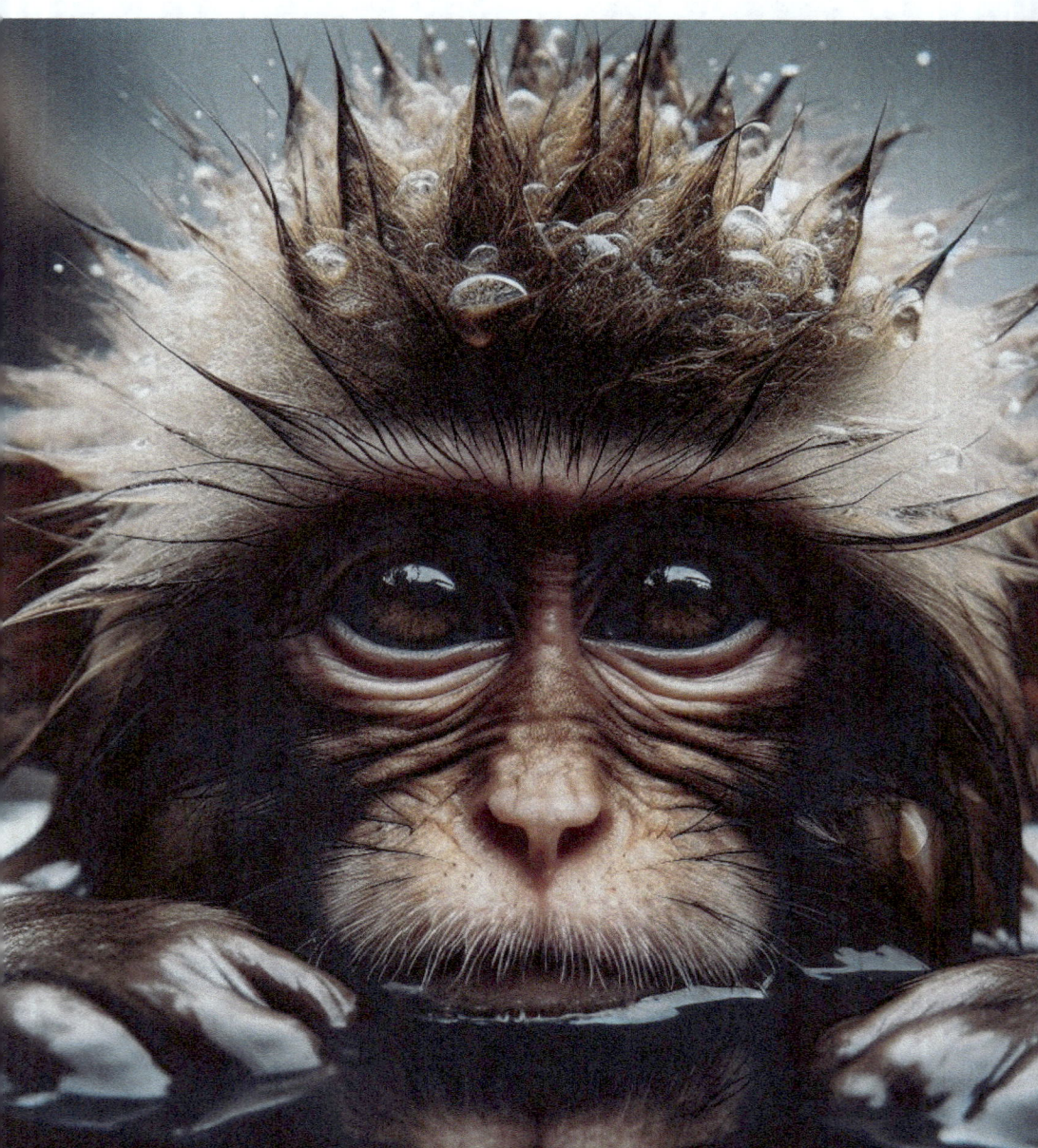

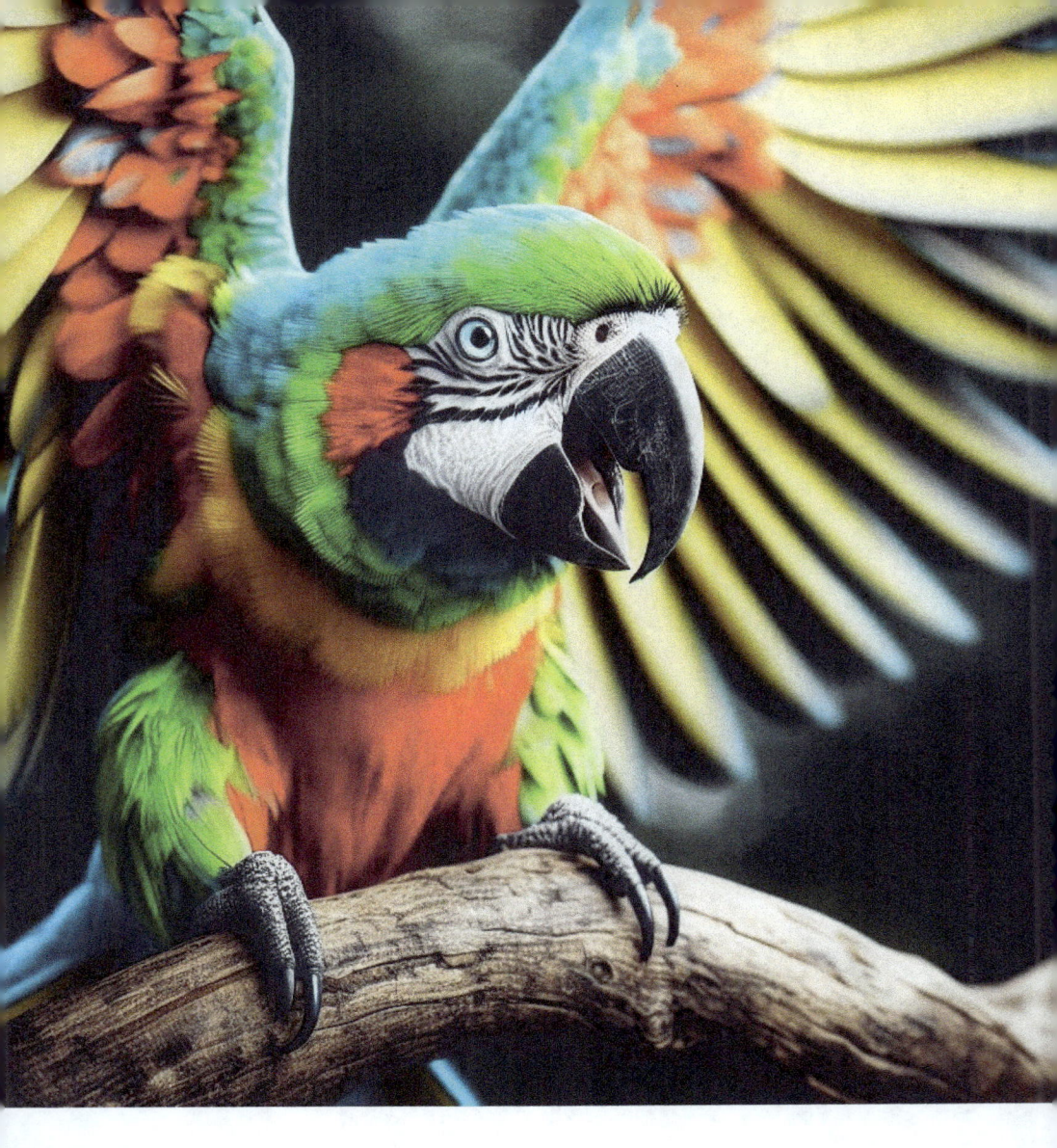

"Ok, je comprends. J'attendrai le coucher du soleil pour te faire écouter ma nouvelle mélodie."

Dans l'écrin naturel de l'île de paisible.
La diversité des espèces se conjugue harmonieusement pour former un tableau vivant de paix et d'entente. À travers les récits légendaires de Théo la Tortue et les facéties espiègles de Simon le Singe, cette île devient bien plus qu'un simple lieu physique, mais plutôt un symbole de coopération et de respect mutuel entre tous ses habitants. Dans un monde où la nature est souvent mise à rude épreuve.
L'île représente un havre de tranquillité et d'équilibre, où la magie de la vie sauvage perdure grâce à la préservation de ses précieuses ressources et au respect des liens qui unissent ses résidents.

PRÉSENTATION DES HÉROS

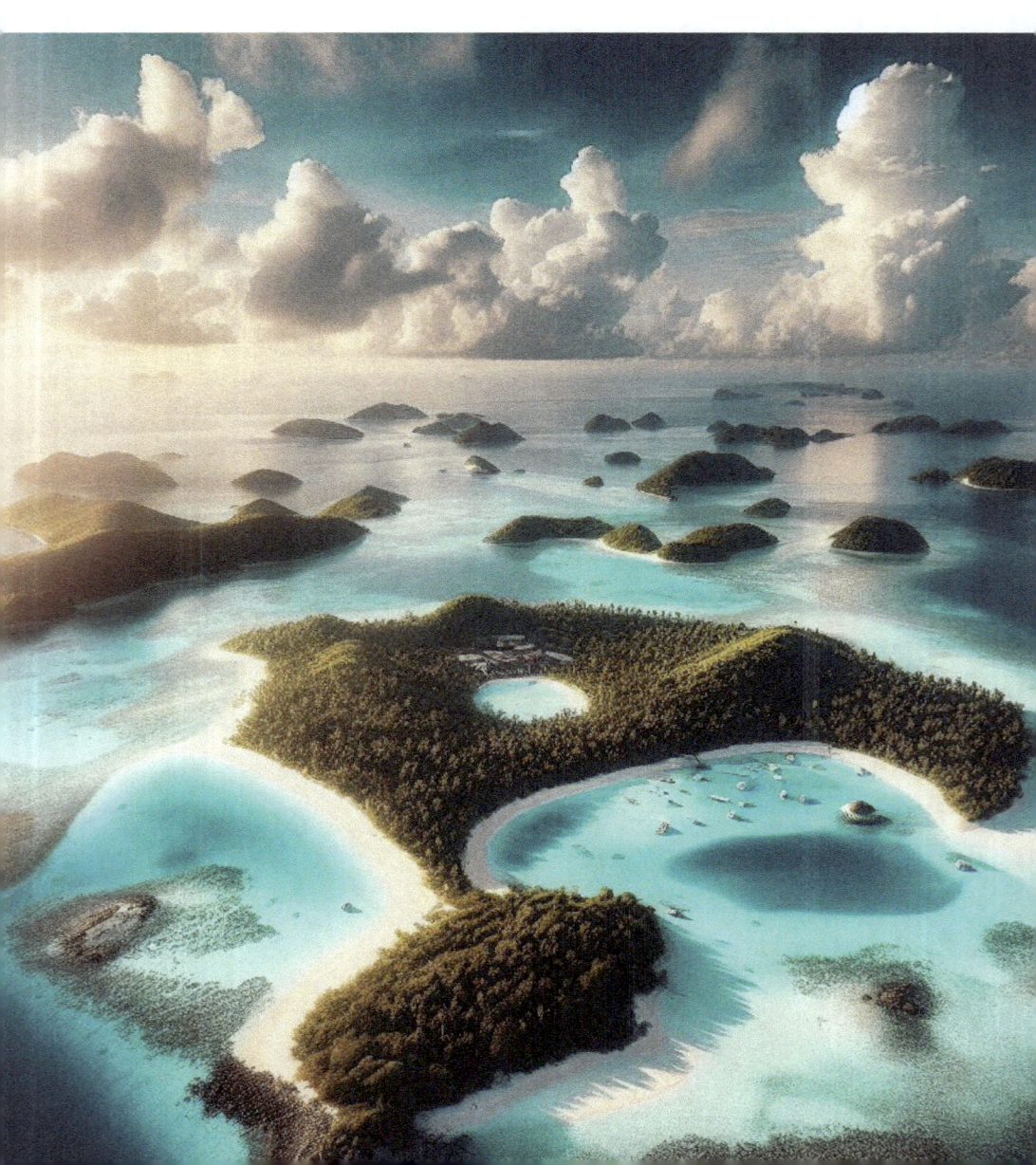

Damien le Dauphin

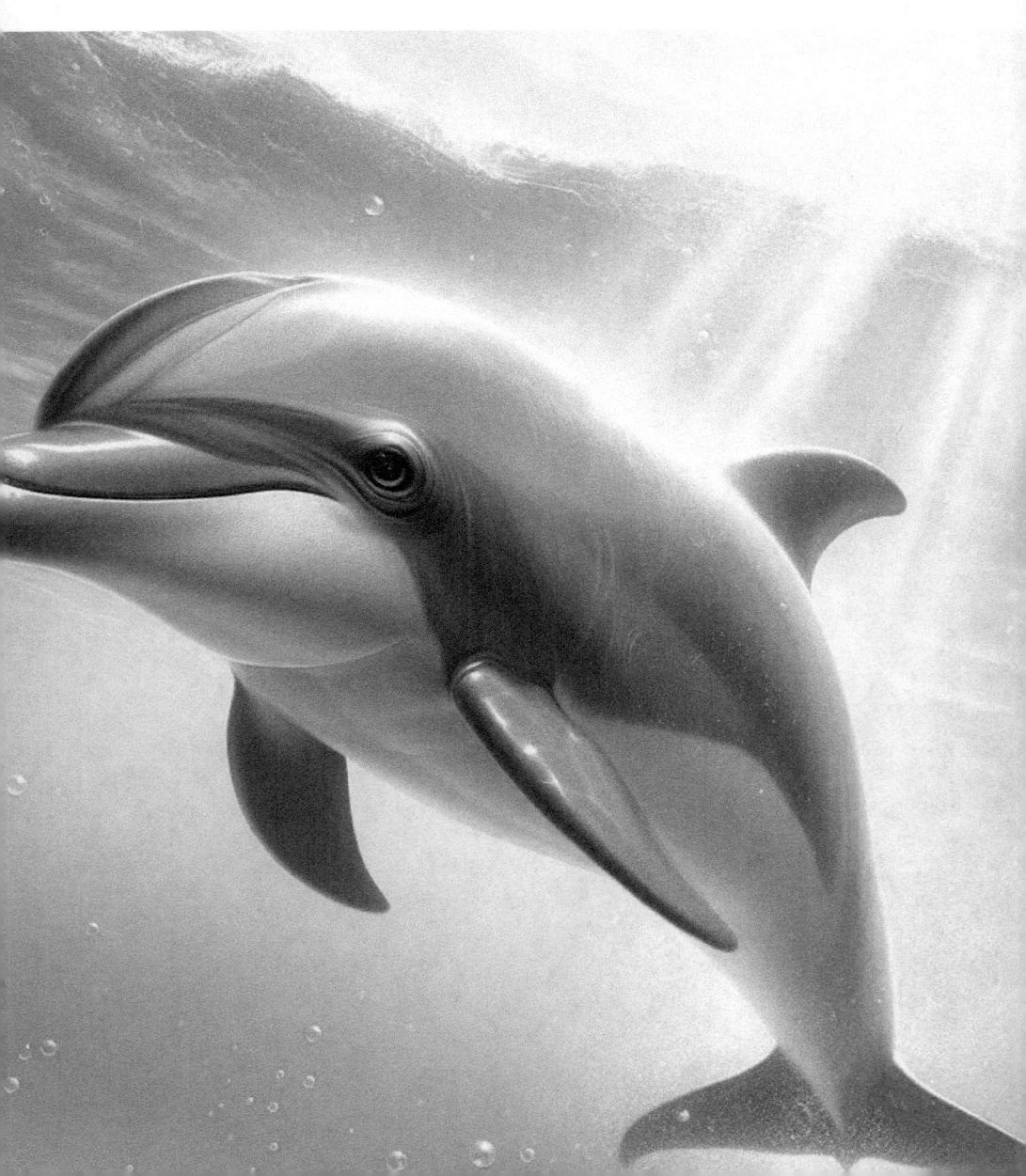

Théo la Tortue

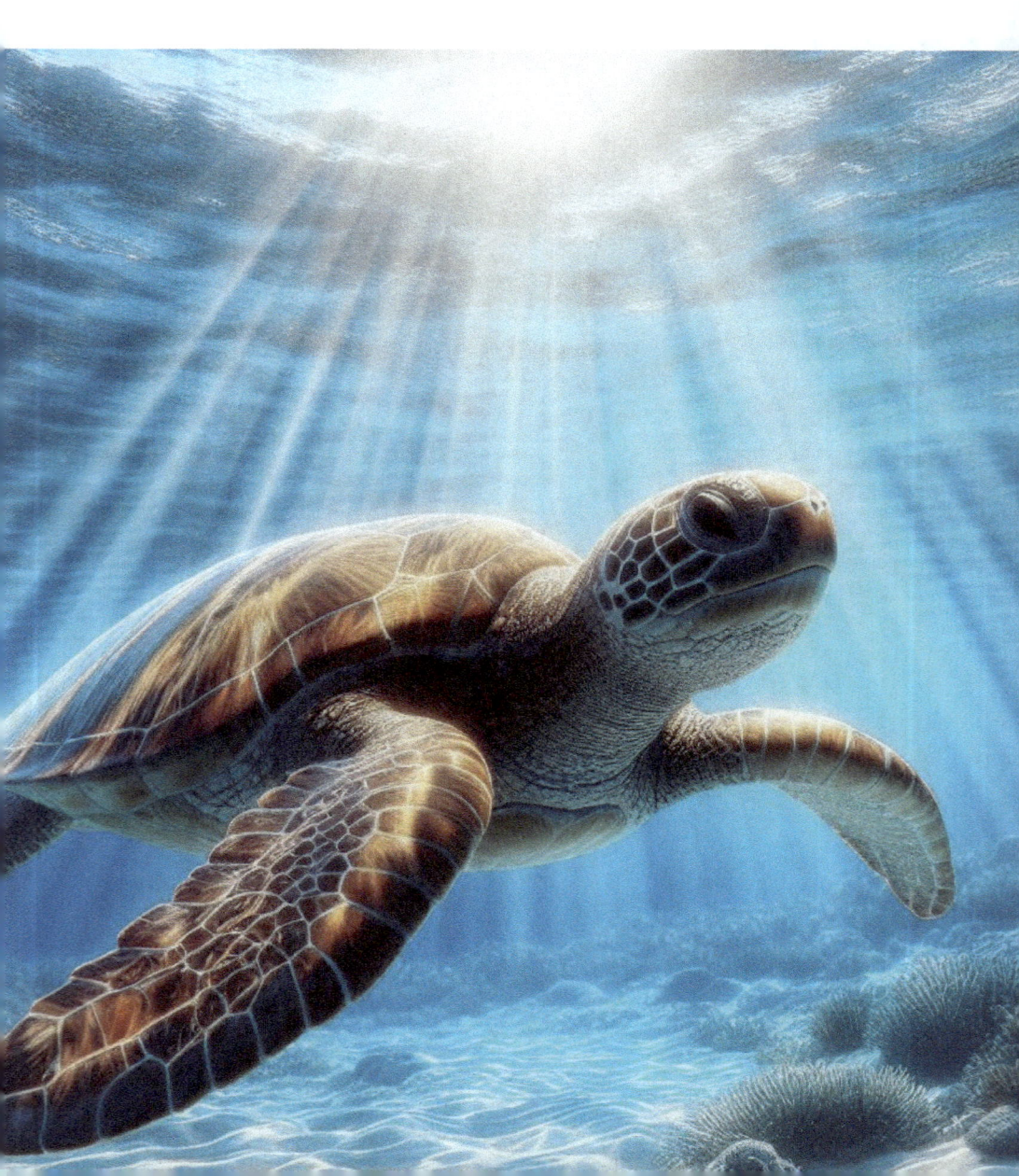

Paola le Perroquet

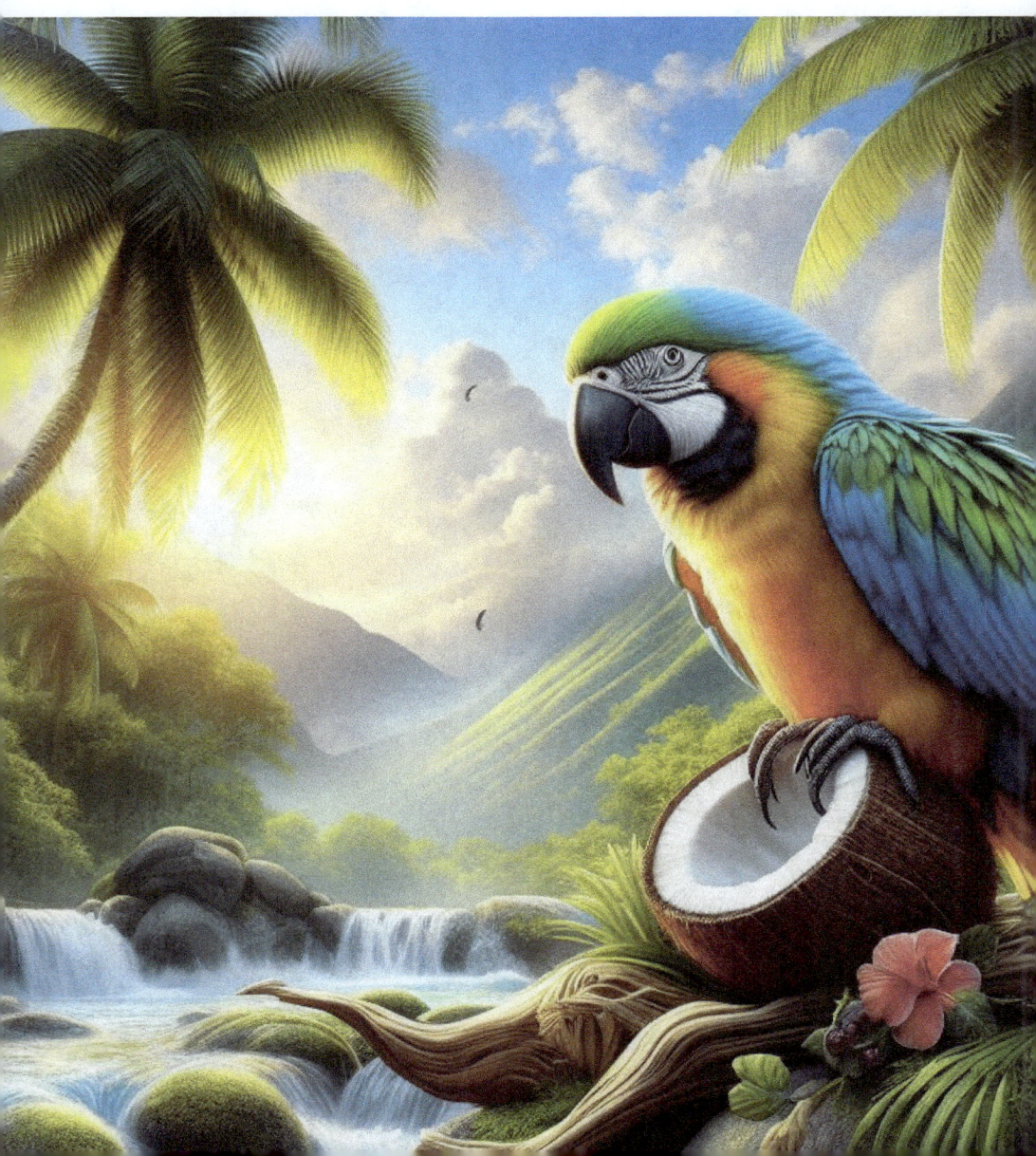

Simon le Singe

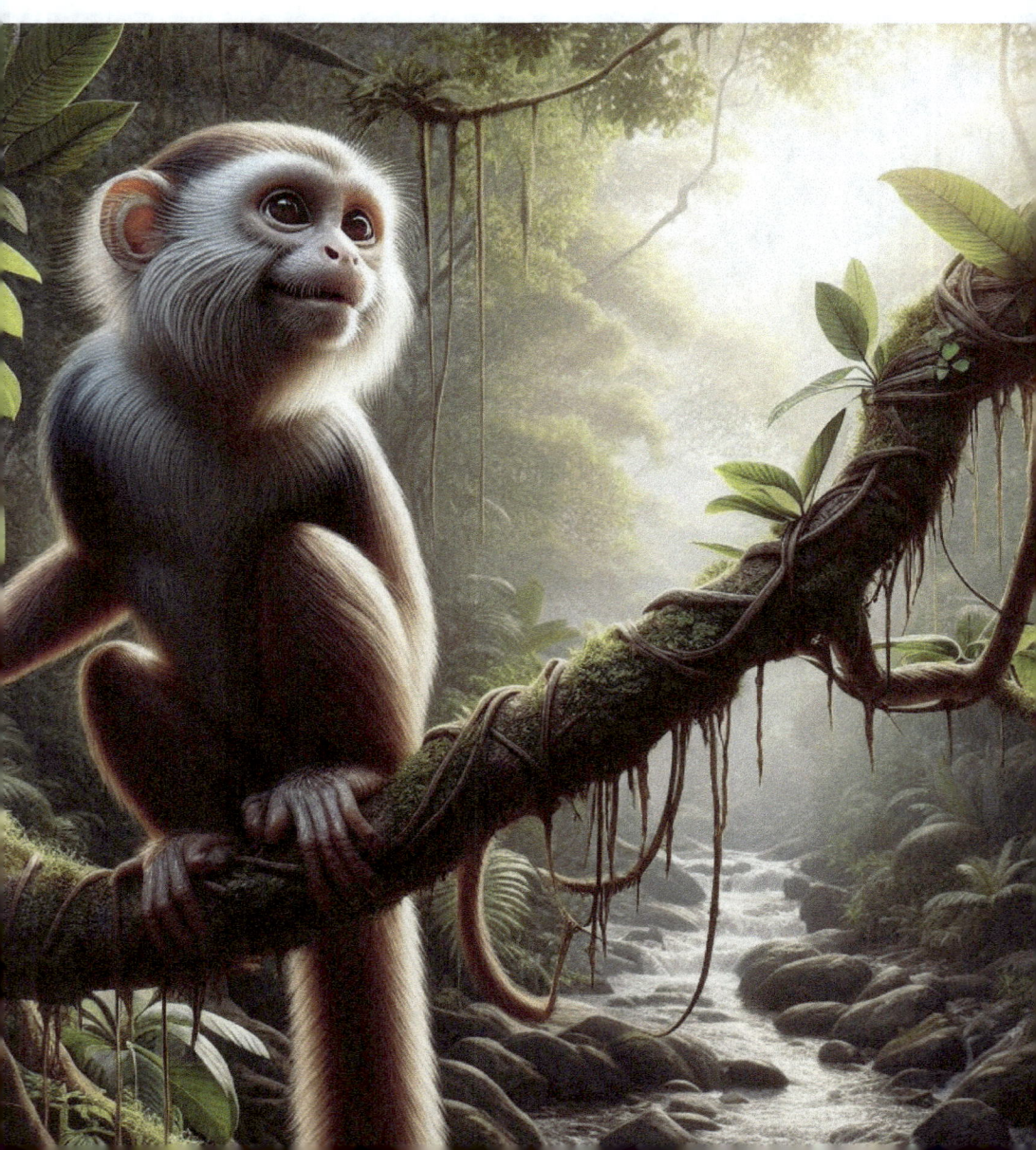

Tina le Toucan

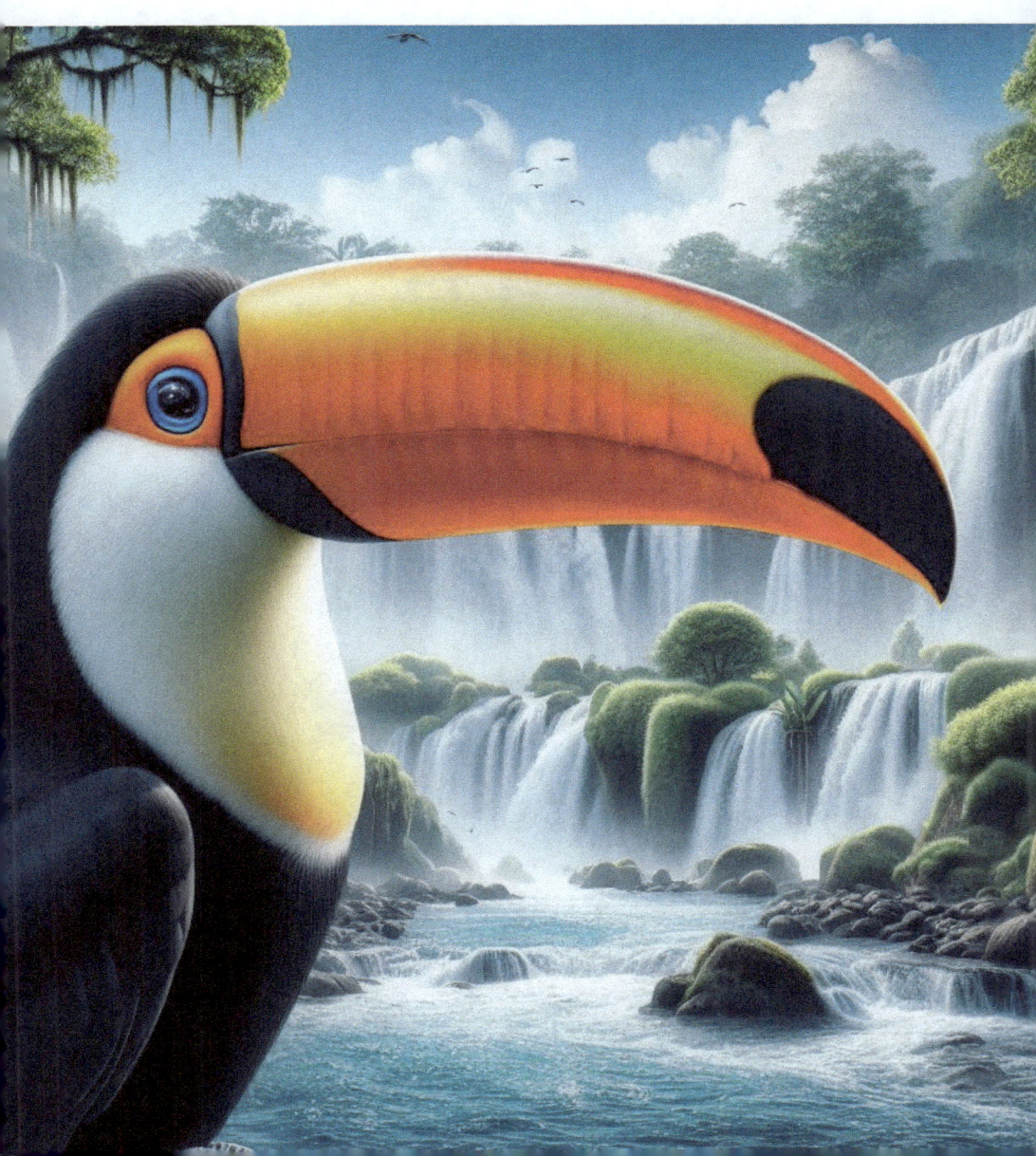

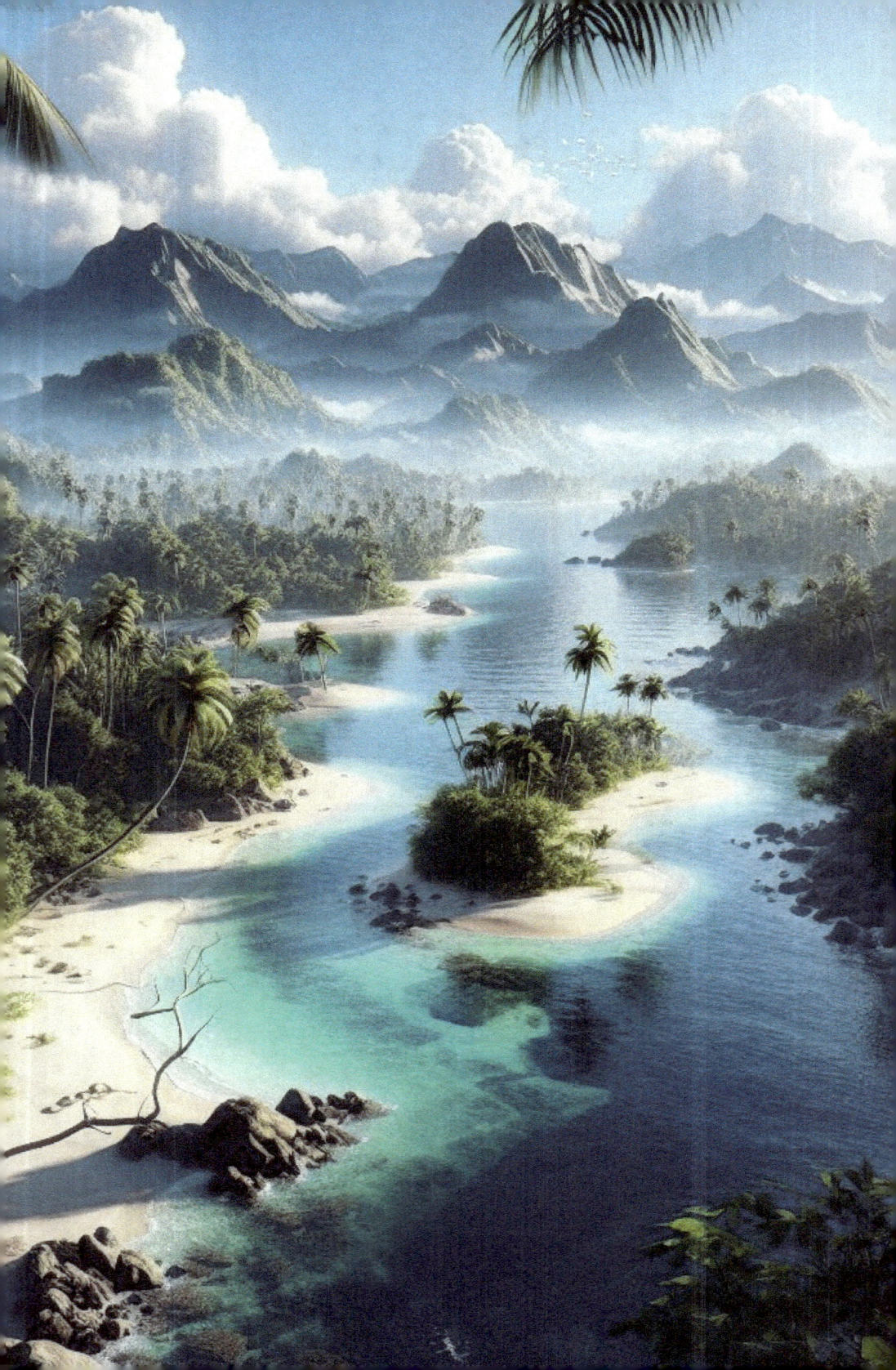

Chaque aube, au cœur de l'île paradisiaque, leur mission de préservation se métamorphosait en récit ensorcelant, où les palmiers chuchotaient des secrets de biodiversité et les vagues murmuraient des contes de conservation, transformant chaque exploration en une épopée enchantée.

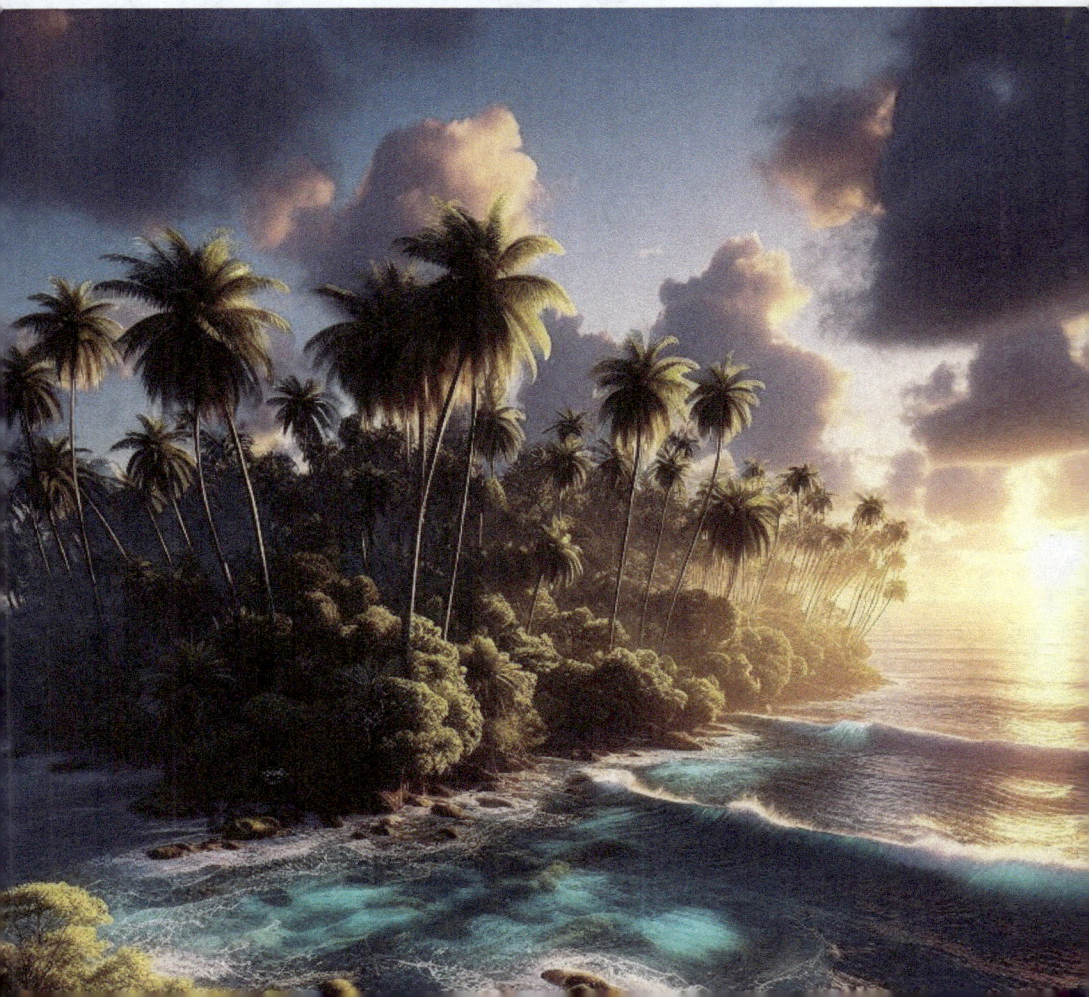

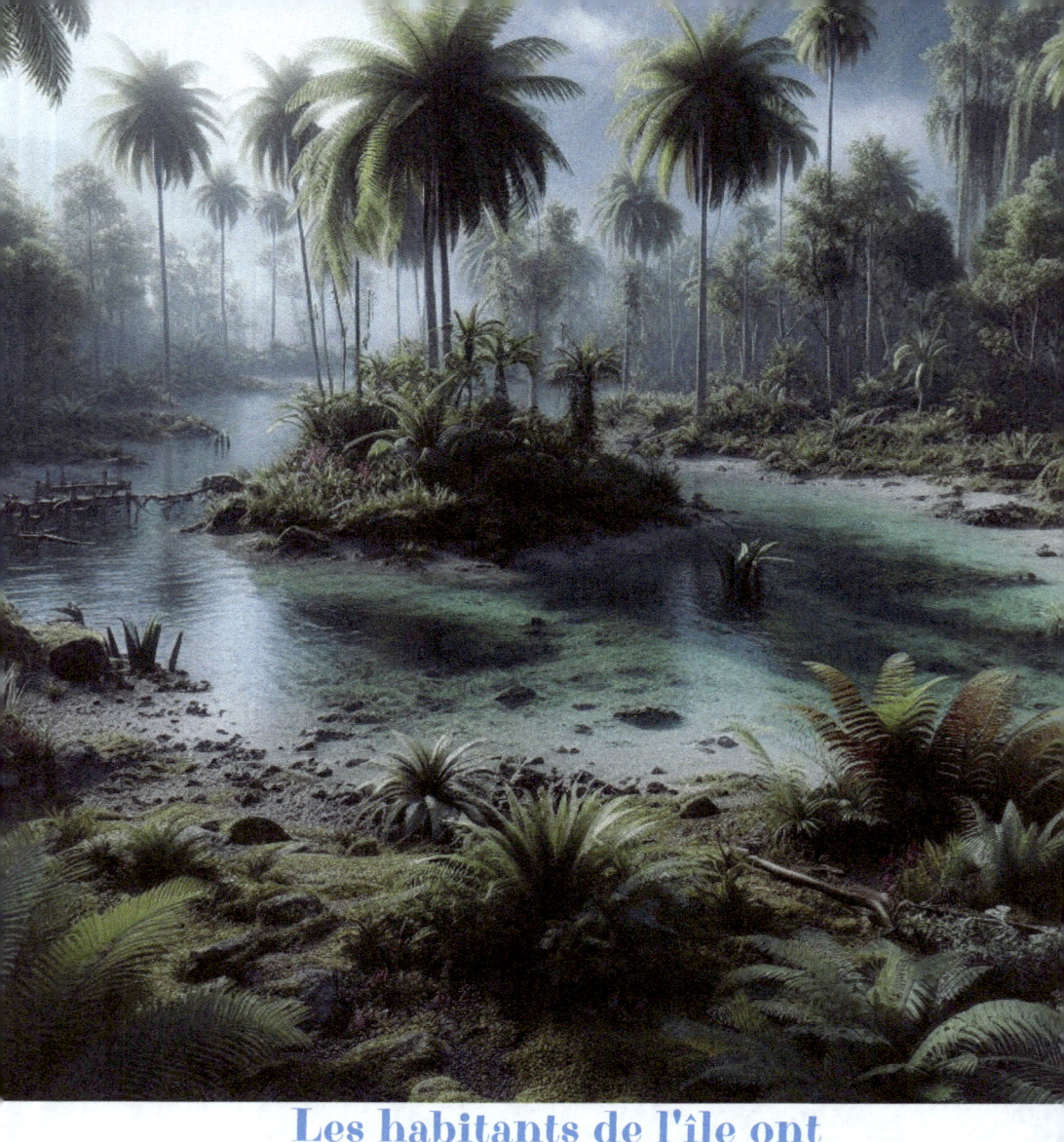

Les habitants de l'île ont développé des connaissances incroyables sur leur environnement. En utilisant leurs instincts naturels et leurs comportements spécifiques, ils parviennent à maintenir un équilibre parfait dans leur habitat, assurant ainsi la préservation de leur écosystème.

EXPLICATIONS DE TEXTE

Le terme "péripéties légendaires" désigne des événements ou des aventures extraordinaires et remarquables vécues par la tortue, peut-être au cours de ses voyages ou de ses expériences passées.
Les péripéties sont des rebondissements ou des moments-clés dans une histoire, et en les qualifiant de "légendaires", cela suggère qu'elles sont dignes d'être racontées comme des exploits dignes de la légende.

EXPLICATIONS DE TEXTE

Quant au terme "singe malicieux", il décrit le comportement espiègle et joueur du singe. La malice ici fait référence à une sorte d'intelligence rusée ou de penchant pour les tours et les farces. C'est une manière poétique de décrire le caractère ludique et plein d'énergie du singe dans la canopée.

Présentation des personnages

ET

DESCRIPTION

voici une liste des personnages avec des descriptions

Présentation des personnages

🔵 Damien le Dauphin

- Damien est un dauphin joueur aux yeux malicieux et au sourire espiègle. Toujours en train de sauter hors de l'eau et de tourbillonner dans les vagues, il apporte une touche de joie et de dynamisme aux eaux cristallines qui entourent l'île paisible de Pop'SH. Avec son amour pour les jeux aquatiques et son esprit aventurier, Damien est le compagnon idéal pour découvrir les merveilles sous-marines de l'île.

🟤 Théo la Tortue

- Théo est une tortue sage au regard profond et à la carapace robuste. Toujours naviguant paisiblement à travers les eaux claires, il est le gardien des coraux et des poissons colorés qui peuplent les fonds marins de l'île. Avec son calme réconfortant et son expérience de vie longue, Théo est respecté de tous les habitants de l'île pour sa sagesse et son dévouement envers la préservation de l'écosystème marin.

Présentation des personnages

Paola le Perroquet
- Paola est un perroquet bavard aux plumes chatoyantes et à la langue bien pendue. Toujours en train d'échanger des potins et des histoires dans la canopée, elle apporte une touche de couleur et de vivacité à l'île paisible. Avec son esprit vif et son humour pétillant, Paola est la source de divertissement et de bonne humeur pour tous les habitants de l'île.

Simon le Singe
- Simon est un singe malicieux aux yeux pétillants et à la queue touffue. Toujours en train de jouer des tours et des farces dans la canopée, il incarne l'esprit joueur et plein d'énergie des habitants de l'île. Avec sa vivacité et son ingéniosité, Simon sait comment apporter une touche d'excitation et d'aventure à chaque journée sur l'île paisible de Pop'SH.

Tina le Toucan
- Tina est un toucan majestueux aux couleurs vives et au bec imposant. Toujours perchée sur une branche haute dans la canopée, elle surveille le ciel avec un œil vigilant, protégeant l'île paisible des dangers potentiels. Avec son élégance naturelle et son autorité tranquille, Tatiana est respectée de tous les habitants de l'île pour sa grâce et sa détermination à maintenir la paix et l'harmonie.

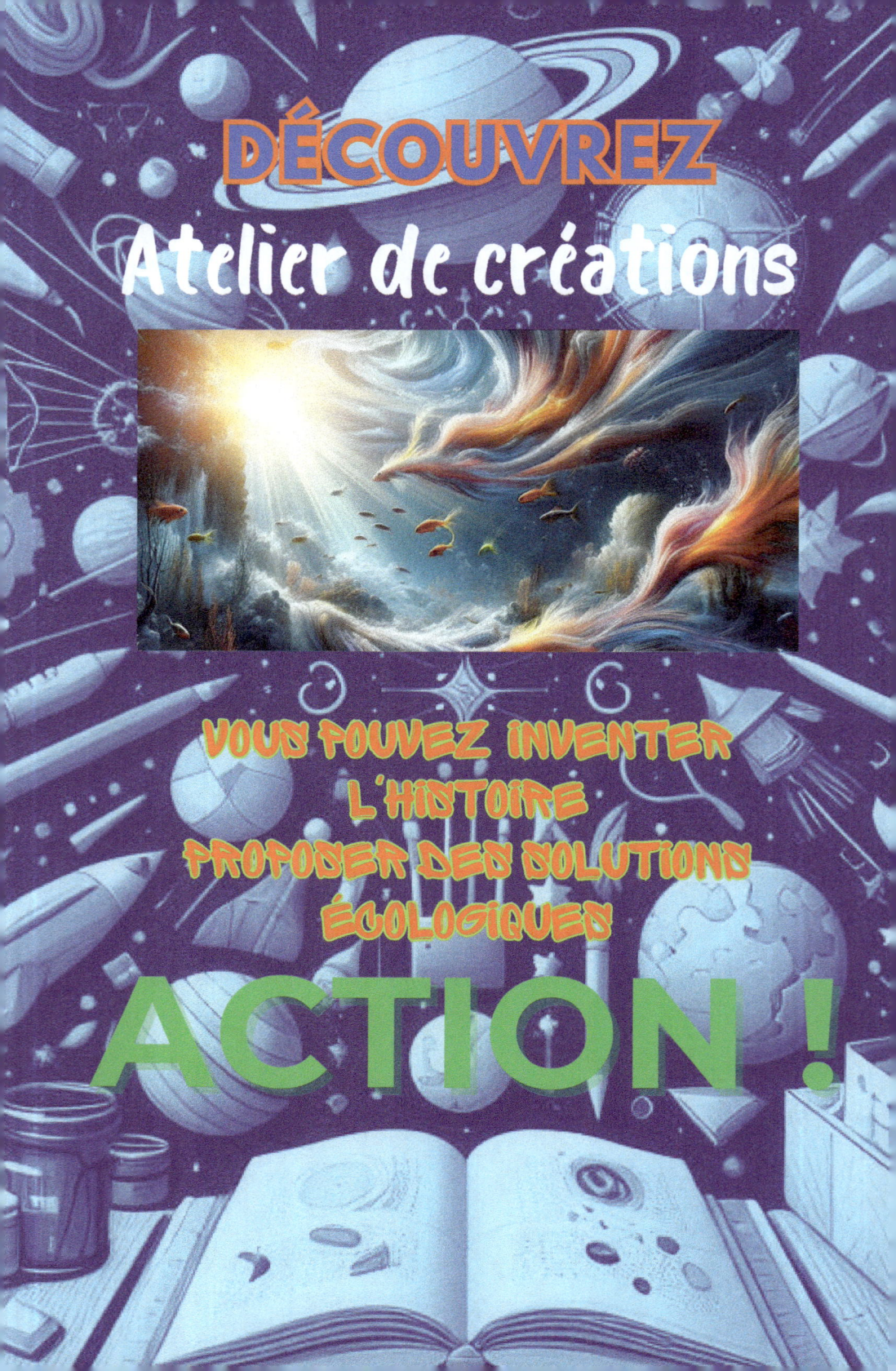

L'atelier de création

Cher lecteur,

Dans un esprit de créativité et d'imagination,
nous vous offrons la possibilité de créer votre propre histoire mettant en scène les adorables animaux de Pop'SH.
Sur cette page détachable, laissez libre cours à votre imagination en écrivant une histoire passionnante avec les personnages présents dans ce livret, et pourquoi pas, en ajoutant de nouveaux amis à l'aventure !

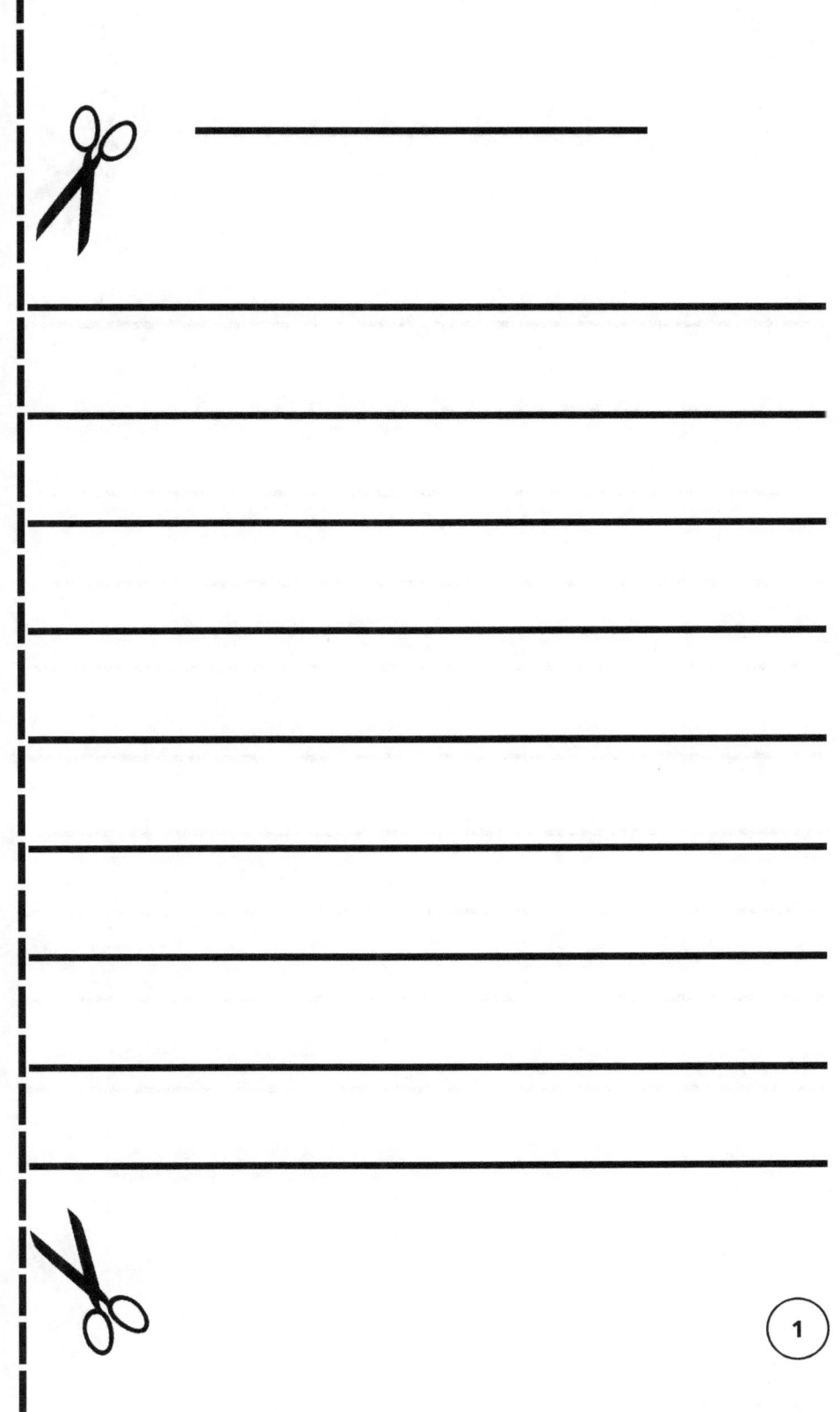

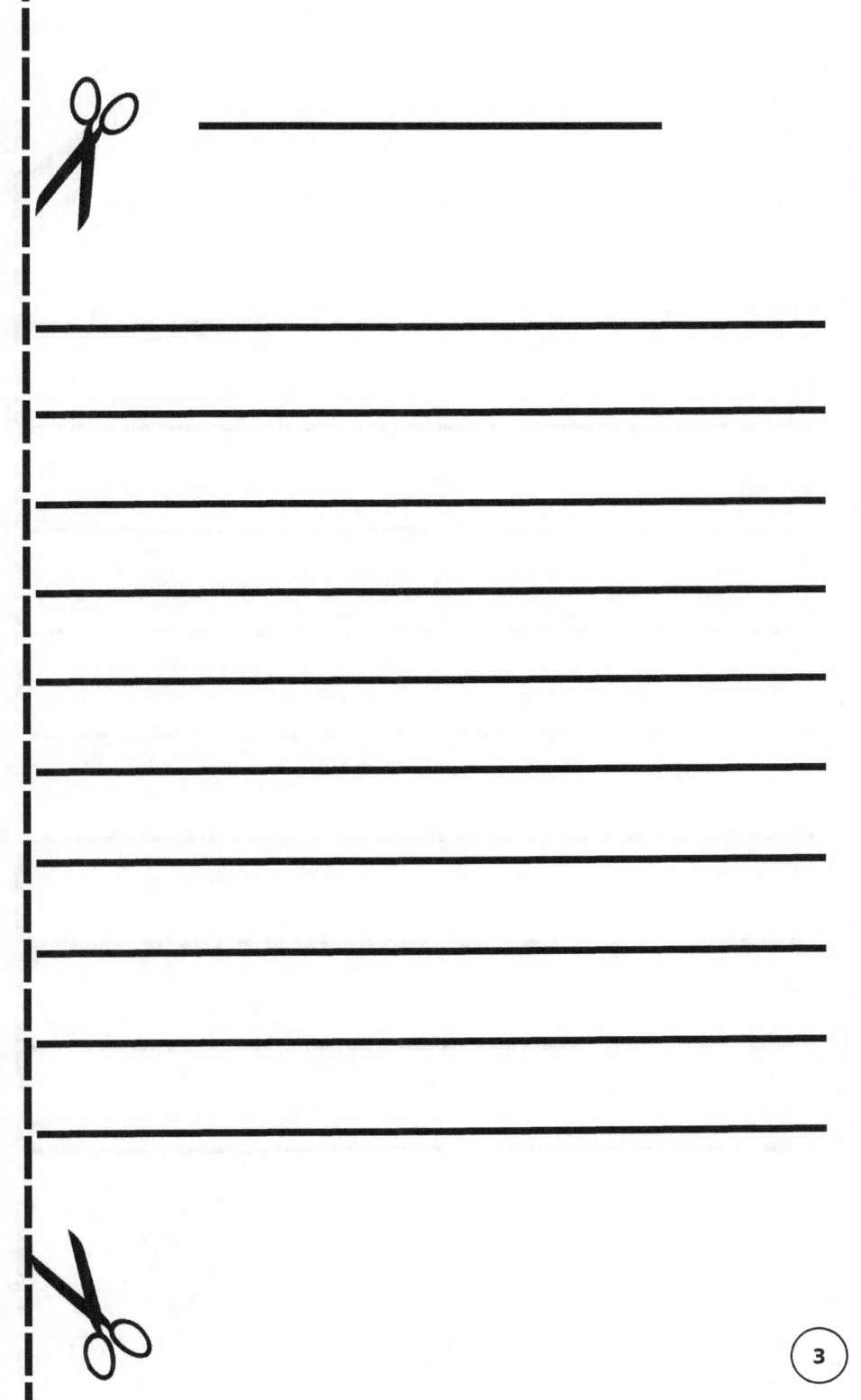

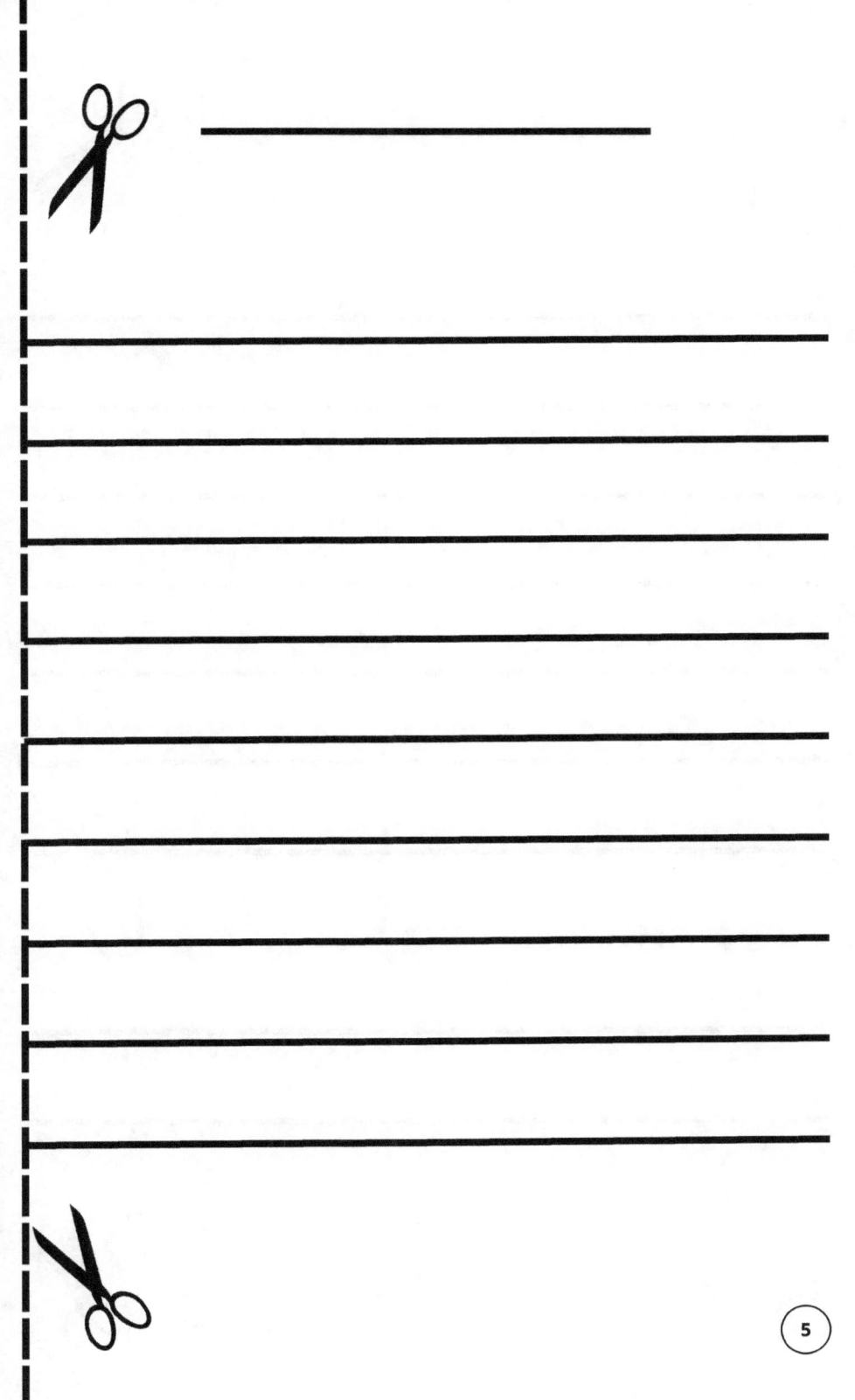

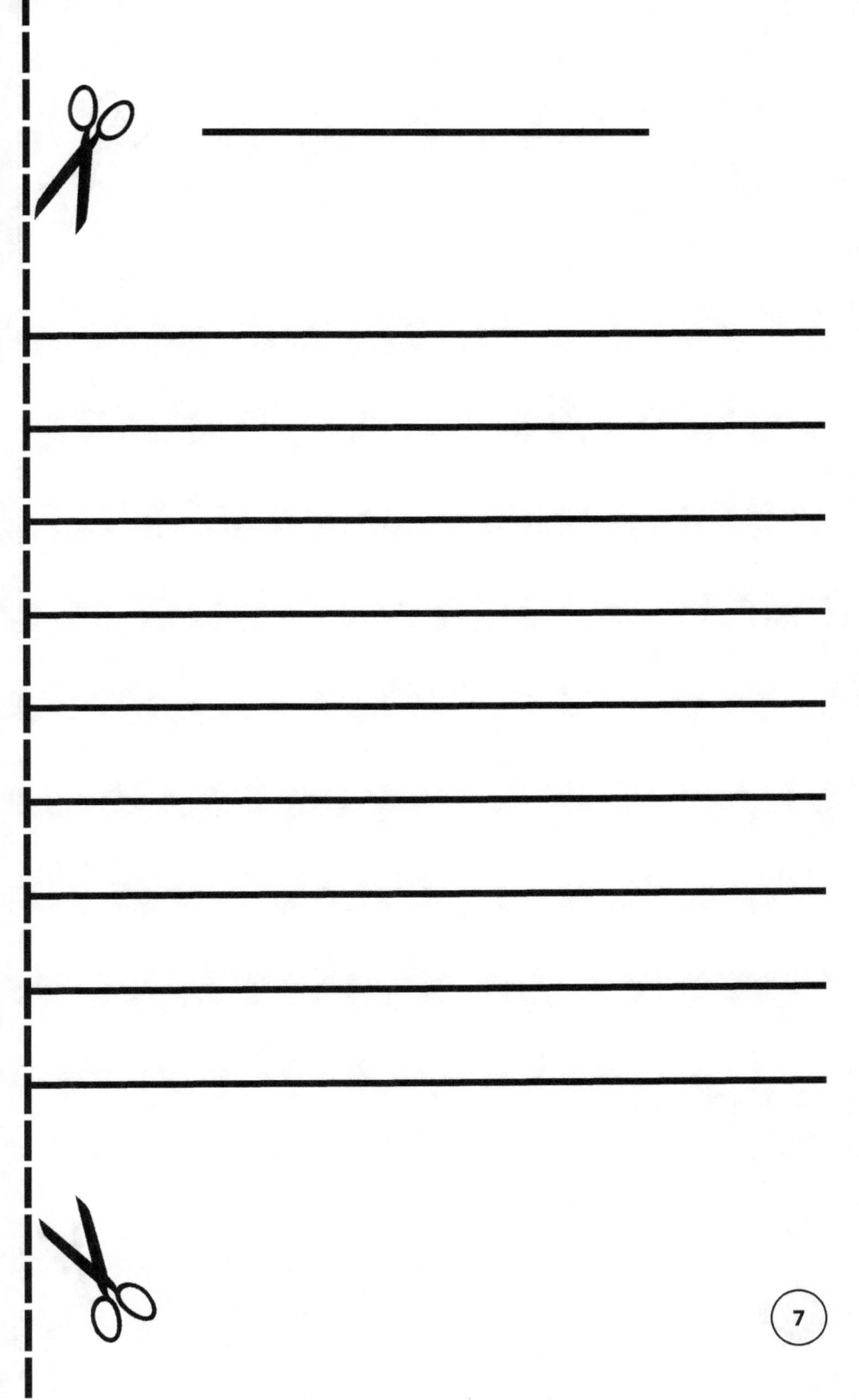

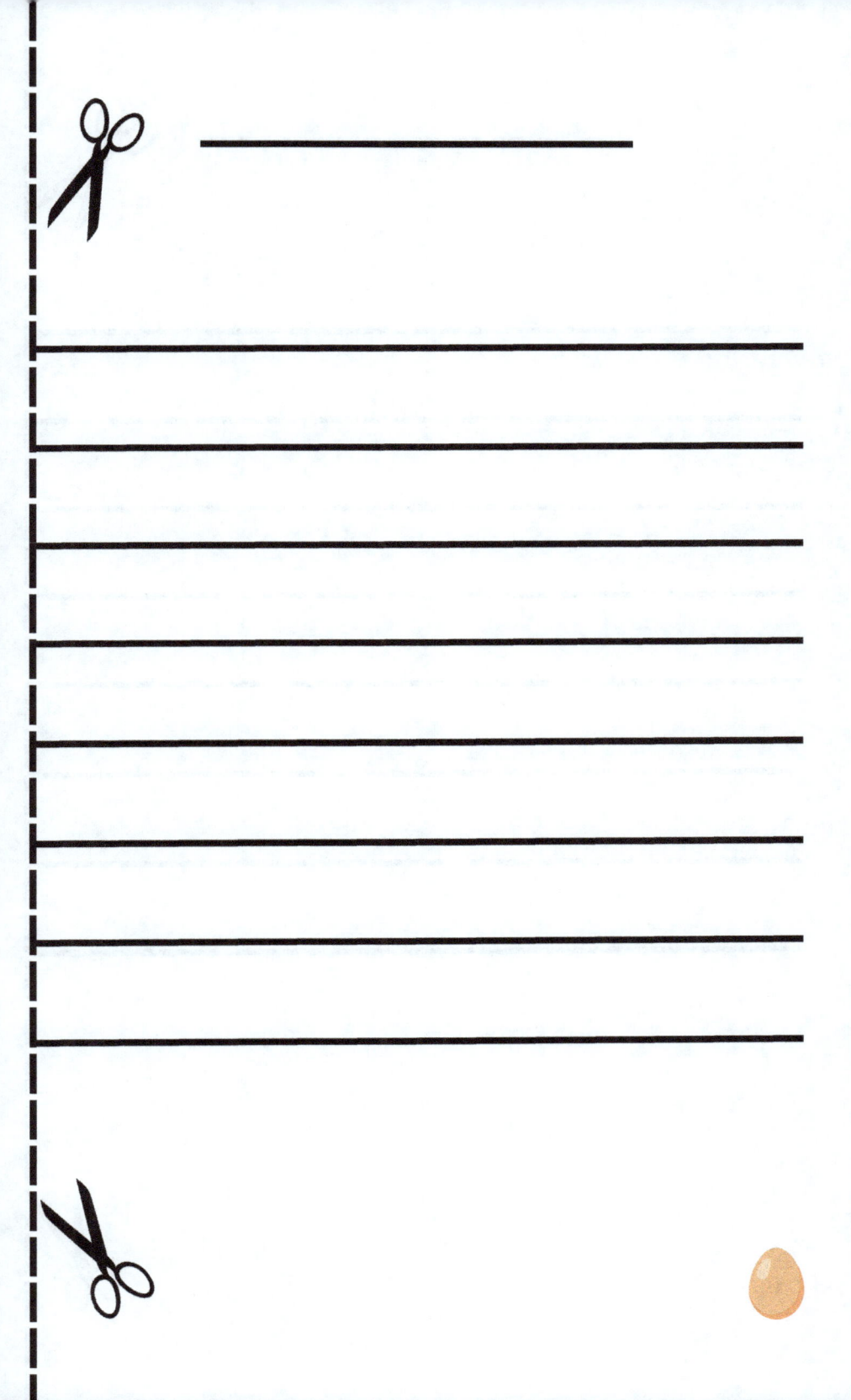

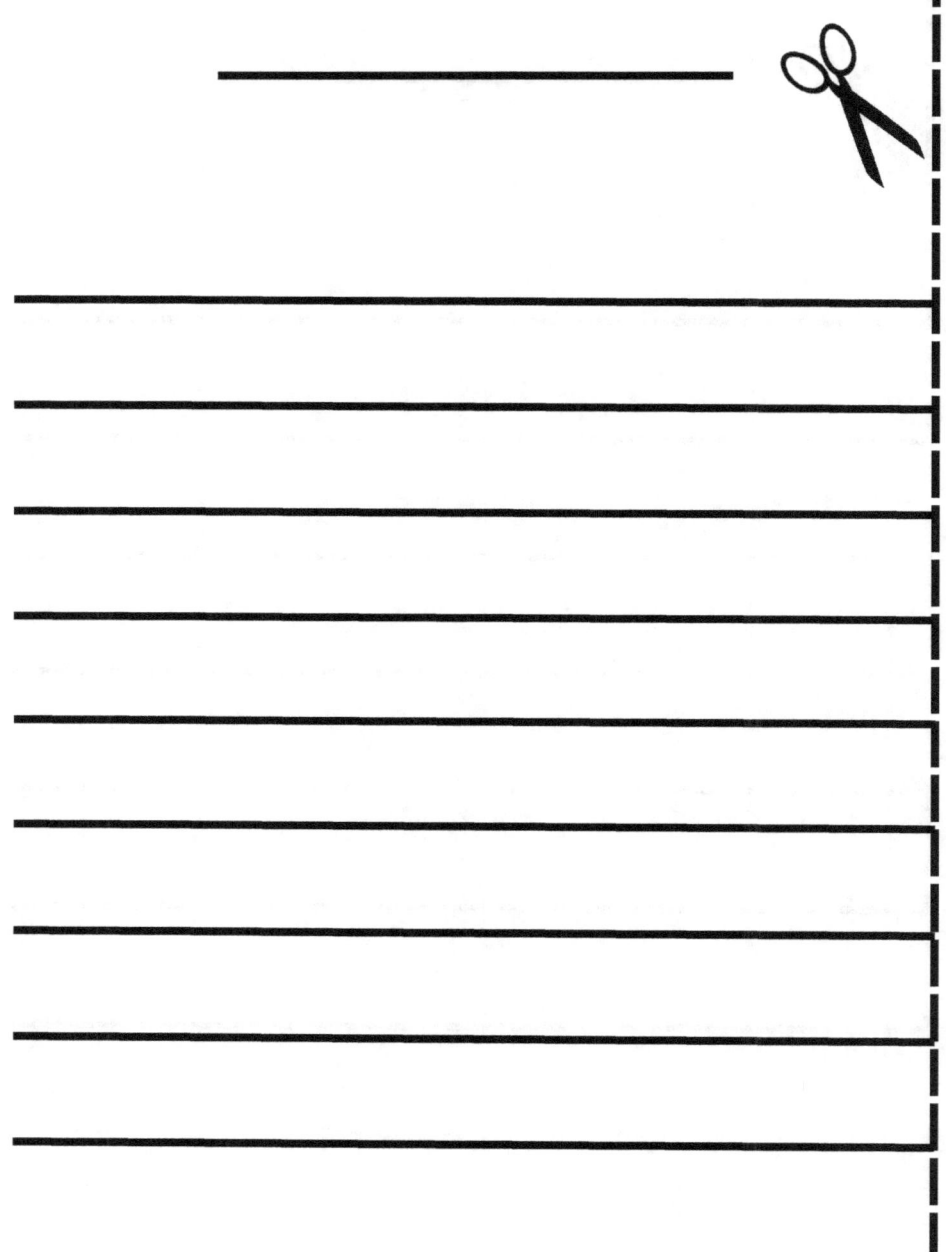

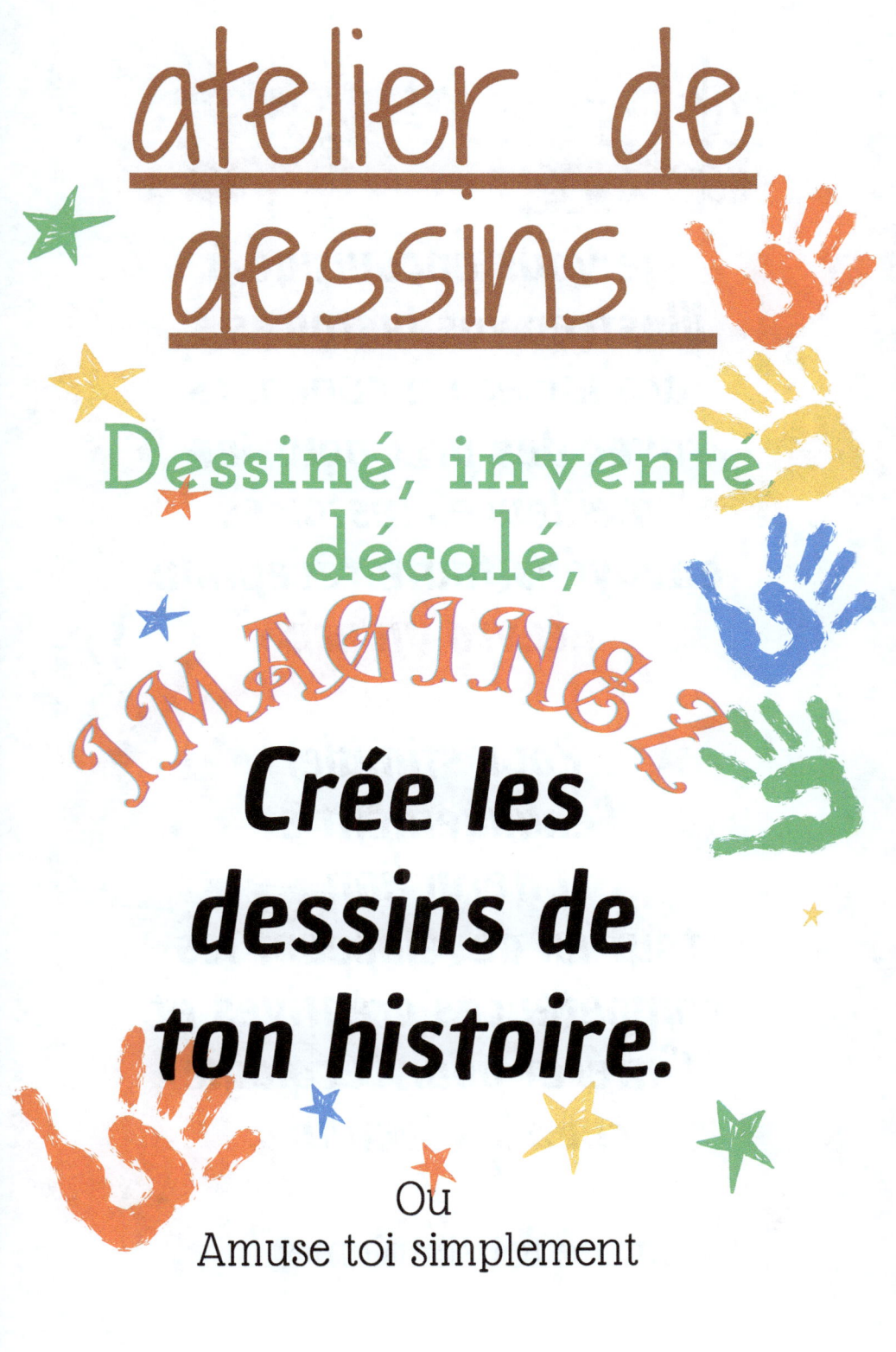

atelier de dessins

Dessiné, inventé, décalé,

IMAGINEZ

je vous encourage à illustrer vos histoires, organiser un concours avec des prix pour les meilleures histoires envoyées toute réception recevra un prix.

Pour stimuler l'engagement et l'interaction, tout en développant les compétences créatives et l'intérêt pour l'écologie chez les lecteurs.

Amuse toi simplement.

Devenez l'Auteur
de Votre Aventure Postale !

Chers Aventuriers de l'écriture,
Prenez votre plume, laissez libre cours à votre imagination et embarquez pour un voyage où chaque mot que vous écrivez est une empreinte sur le chemin de l'aventure.

Dans ce livre, vous trouverez non seulement des histoires à compléter, mais aussi une quête unique : celle de partager votre création avec le monde ! Comment ?
En utilisant l'art ancestral de l'envoi postal.

Voici votre quête :
Écrivez et illustrez : Remplissez les pages blanches avec vos histoires et dessins.
Préparez votre envoi : Placez votre œuvre dans une enveloppe, celle des scribes et des artistes.

Choisissez un timbre,
le sceau qui protégera et portera votre message à travers les terres et les mers.

Postez avec fierté : Glissez votre enveloppe dans la boîte aux lettres, et laissez la magie opérer.

En participant, vous ne créez pas seulement une histoire, vous créez un lien, un pont entre vous et d'autres créateurs.

Chaque lettre envoyée est une pièce du puzzle de notre grande aventure collective.

Alors, êtes-vous prêt à relever le défi et à laisser votre marque dans le grand livre de l'histoire postale ?

POPSH2025@GMAIL.COM

Une fois votre histoire terminée, vous pouvez la partager avec nous en l'envoyant à l'adresse suivante : [Rue Solitude 80 le Moule 97160 Guadeloupe,France]. Nous serions ravis de lire vos créations et de les publier dans nos prochains livrets !

Cette activité est une excellente occasion d'apprendre à composer une histoire, d'explorer le fonctionnement du système postal et de développer votre imagination. Alors, à vos plumes et laissez-vous emporter dans l'univers magique de Pop'SH !

AVEC TOUT NOTRE SOUTIEN,

Bayle , France

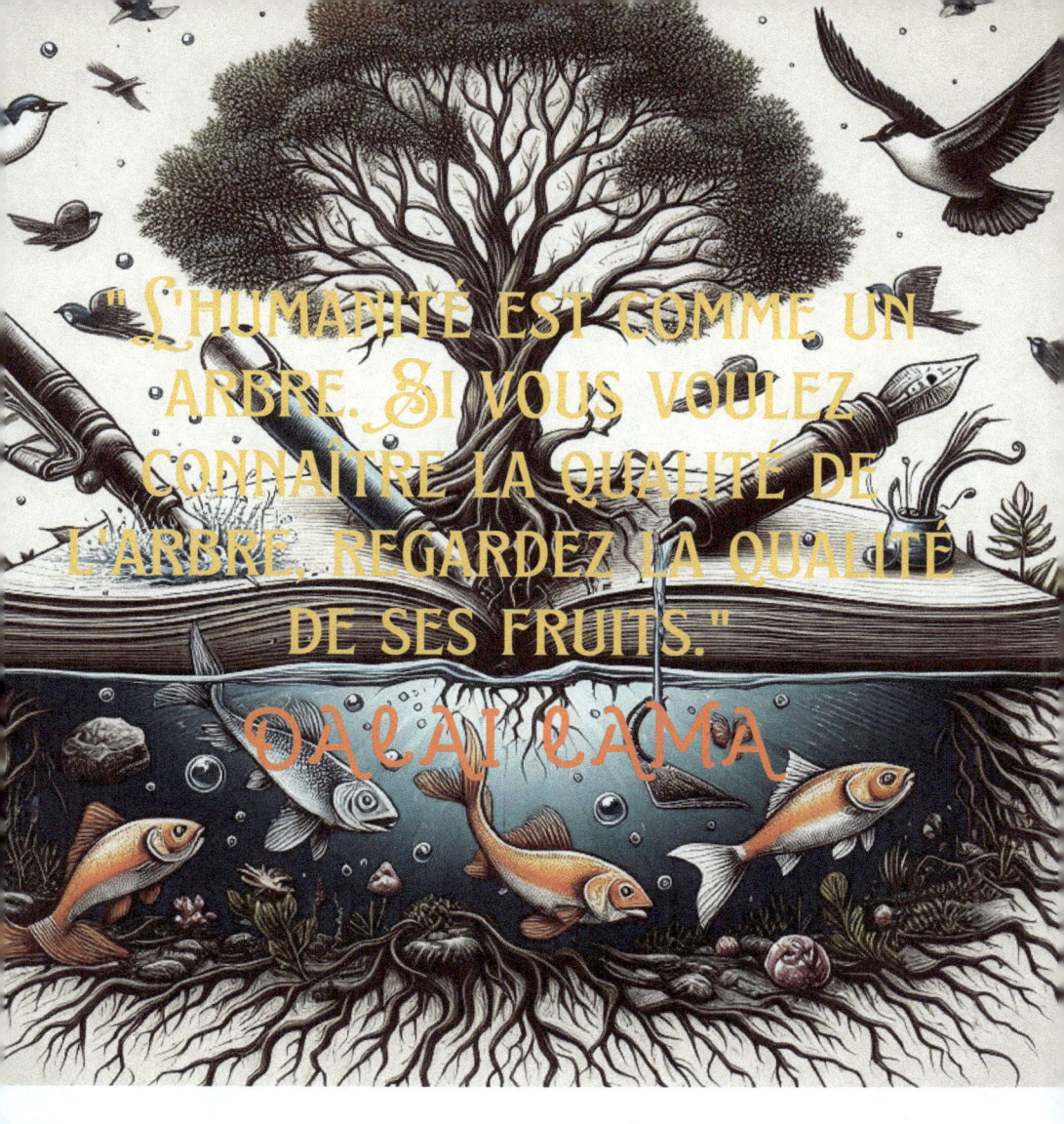

"L'humanité est comme un arbre. Si vous voulez connaître la qualité de l'arbre, regardez la qualité de ses fruits."

Dalaï Lama

L'écologie, c'est avant tout la défense des éco-systèmes, composés par une multitude d'organismes. Pour adopter une démarche écologique, il est important de comprendre l'équilibre de la relation entre l'homme et la nature, de l'aimer et de le protéger.

DÉCOUVERTES

Les Dauphins			Pages 66 à 67

Les Tortues			Pages 68 à 69

Les Perroquets		Pages 70 à 71

Les Singes			Pages 72 à 75

Les Toucans			Pages 76 à 77

Les Coraux			Pages 78 à 80

Les Anémones		Pages 81 à 83

Les dauphins

AVEC LEUR STYLE UNIQUE ET LEUR INTELLIGENCE INCROYABLE !

SAVAIS-TU QU'IL EXISTE ENVIRON 40 ESPÈCES DIFFÉRENTES DE DAUPHINS ?

CHACUNE A SES PROPRES CARACTÉRISTIQUES, DU DAUPHIN COMMUN JOUEUR AU DAUPHIN D'EAU DOUCE EXOTIQUE. CES ADORABLES MAMMIFÈRES MARINS SONT DES EXPERTS EN COMMUNICATION, UTILISANT DES SIFFLEMENTS ET DES CLICS POUR PARLER ENTRE EUX.

ILS SONT ÉGALEMENT SUPER SOCIABLES, FORMANT SOUVENT DES GROUPES ILS JOUENT, CHASSENT ET S'AMUSENT ENSEMBLE. LES DAUPHINS SONT AUSSI DES ACROBATES INCROYABLES !

ILS ADORENT SAUTER HORS DE L'EAU, FAIRE DES PIROUETTES ET MÊME SURFER SUR LES VAGUES.

MAIS CE N'EST PAS TOUT ! LES DAUPHINS SONT AUSSI TRÈS INTELLIGENTS. ILS PEUVENT RÉSOUDRE DES PROBLÈMES, APPRENDRE DES TOURS ET MÊME S'ENTRAIDER.

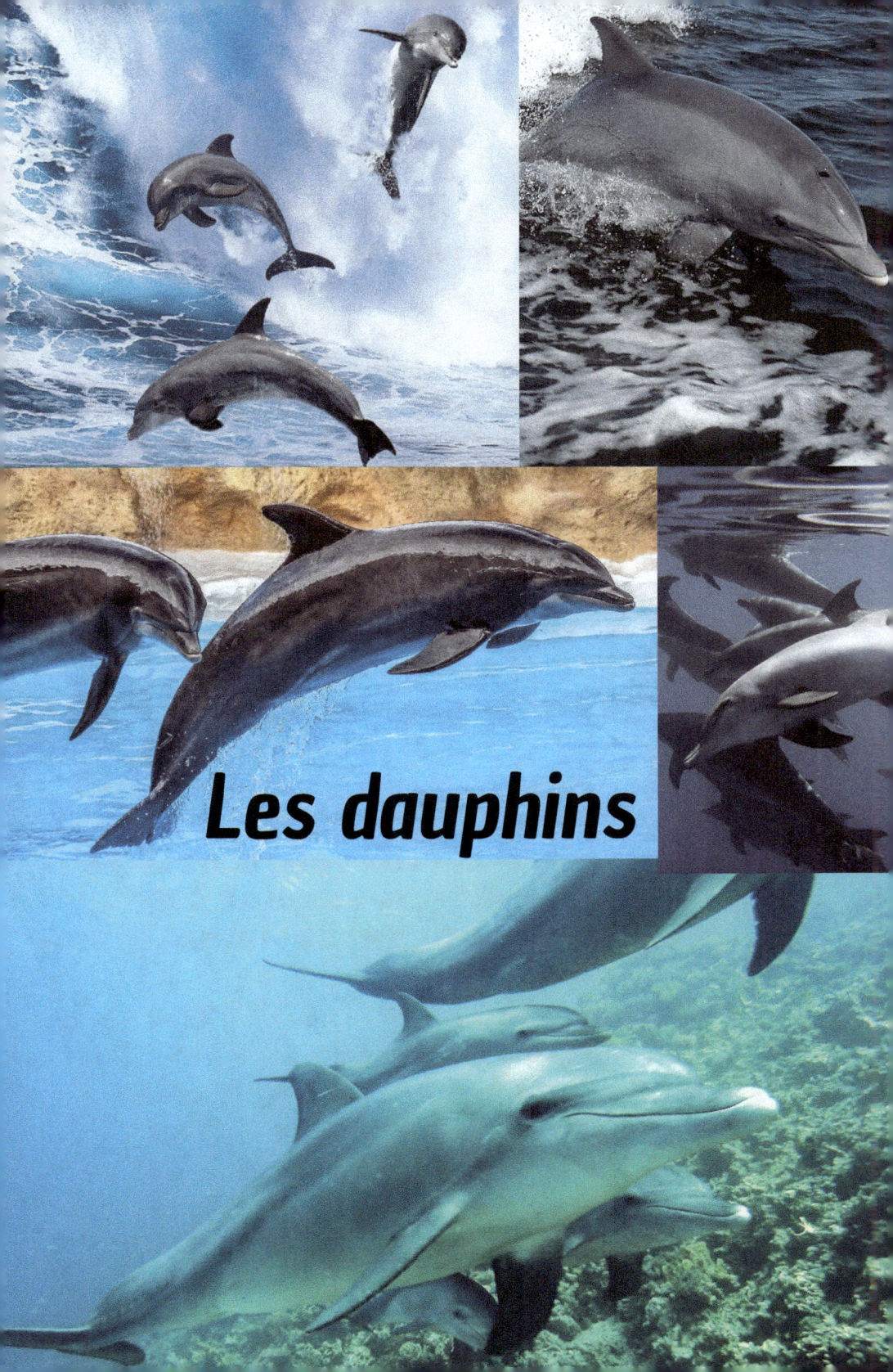

Les dauphins

Les tortues

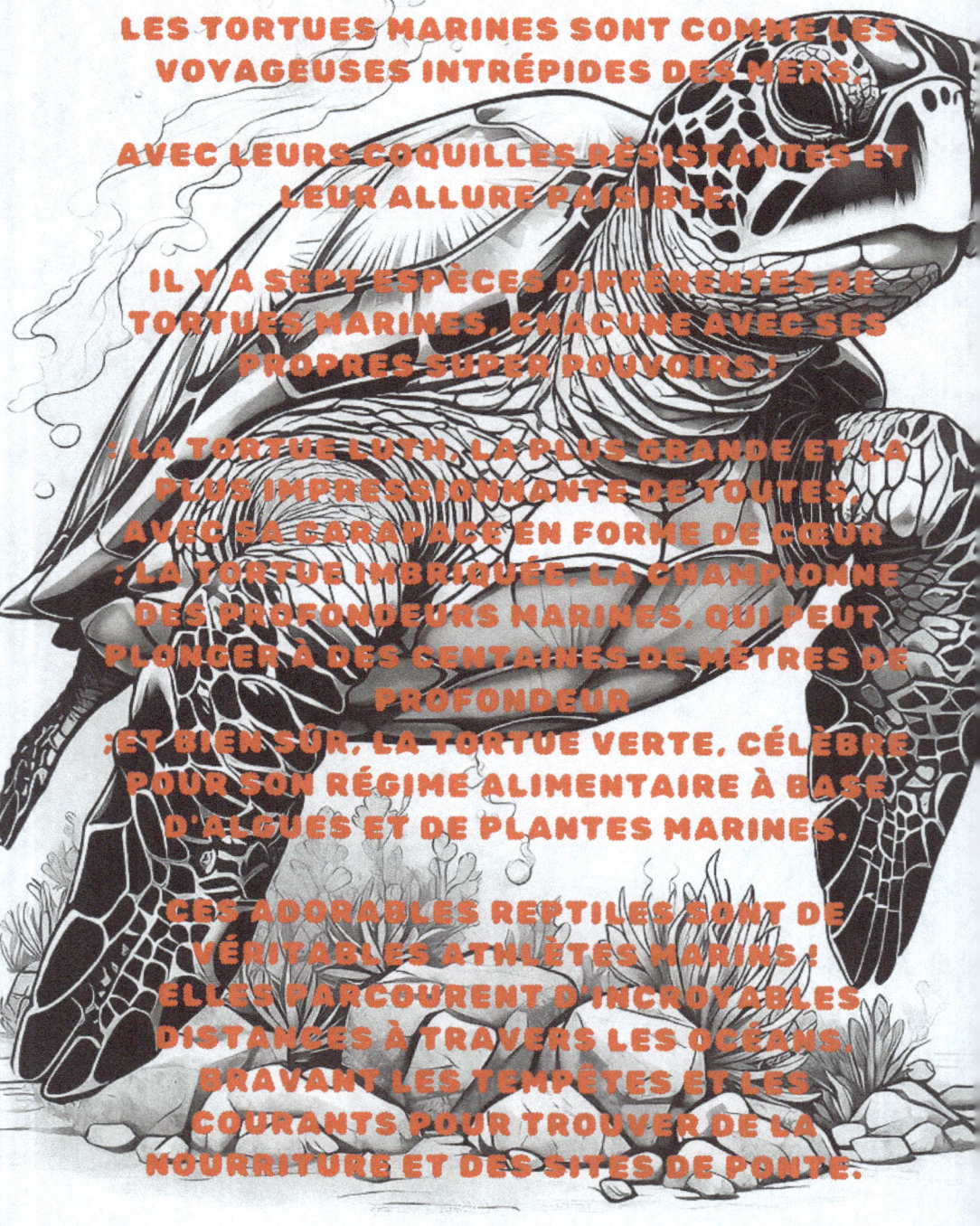

Les tortues marines sont comme les voyageuses intrépides des mers.

Avec leurs coquilles résistantes et leur allure paisible.

Il y a sept espèces différentes de tortues marines, chacune avec ses propres super pouvoirs !

: La tortue luth, la plus grande et la plus impressionnante de toutes, avec sa carapace en forme de cœur
: La tortue imbriquée, la championne des profondeurs marines, qui peut plonger à des centaines de mètres de profondeur
: Et bien sûr, la tortue verte, célèbre pour son régime alimentaire à base d'algues et de plantes marines.

Ces adorables reptiles sont de véritables athlètes marins ! Elles parcourent d'incroyables distances à travers les océans, bravant les tempêtes et les courants pour trouver de la nourriture et des sites de ponte.

Les tortues

MAIS ATTENTION !
LEUR VIE N'EST PAS UN LONG FLEUVE TRANQUILLE.
ELLES DOIVENT AFFRONTER DE NOMBREUX DANGERS,
DES FILETS DE PÊCHE AUX DÉCHETS PLASTIQUES.
C'EST POURQUOI IL EST ESSENTIEL DE PROTÉGER LEURS HABITATS ET DE RÉDUIRE NOTRE IMPACT SUR LES OCÉANS.

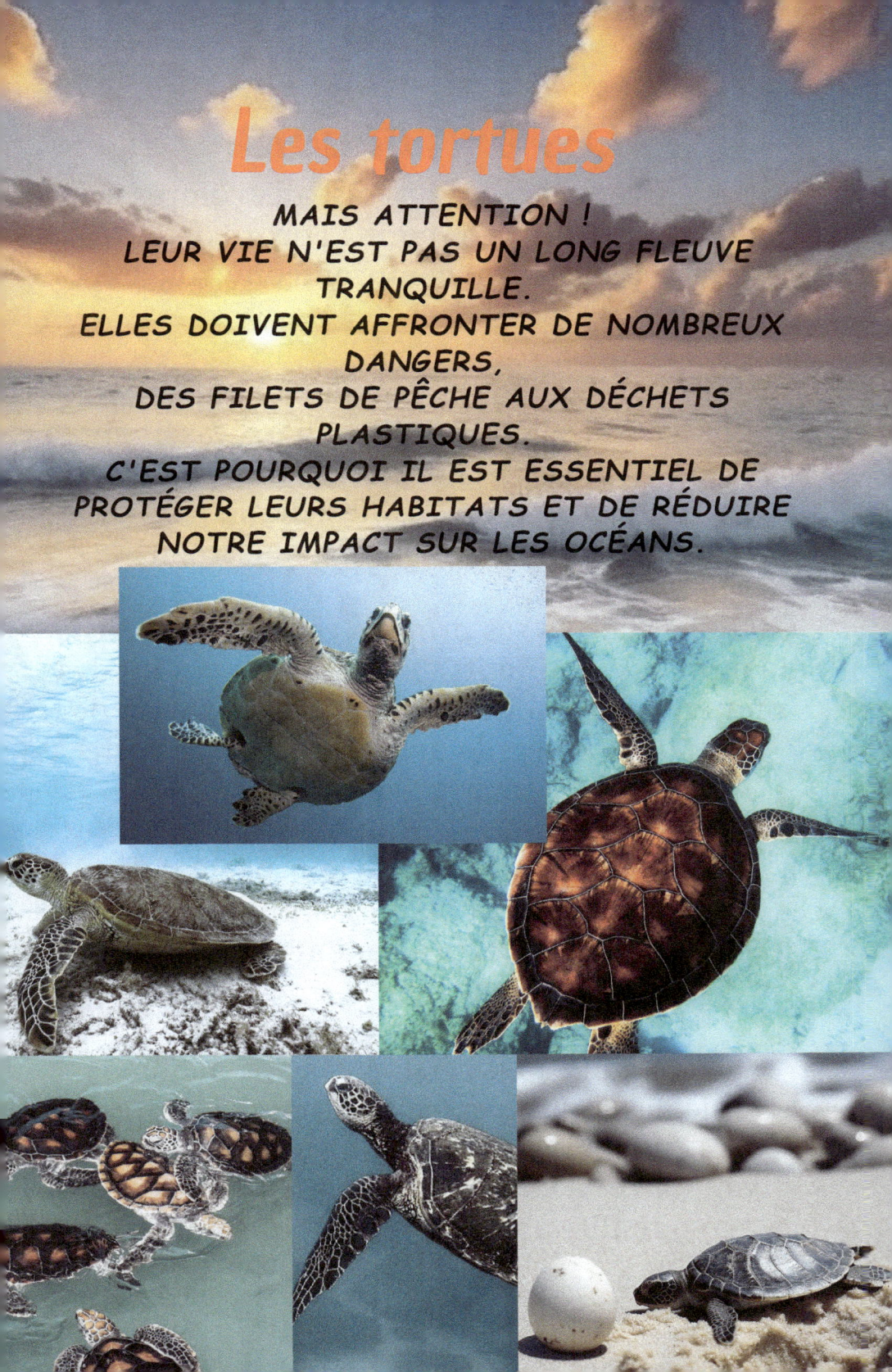

Les perroquets

Les perroquets sont des oiseaux colorés et sociaux appartenant à l'ordre des Psittaciformes, qui comprend environ 393 espèces.

Leur plumage flamboyant et leur capacité à imiter les sons en font des animaux fascinants. Parmi les différentes espèces, on trouve des perroquets de toutes tailles, du petit et vif perruche ondulée au grand et majestueux ara.

Chaque espèce a ses propres couleurs et motifs de plumage distinctifs. Les perroquets sont des omnivores, se nourrissant principalement de fruits, de graines, de noix et parfois de petits insectes.

Leur intelligence élevée leur permet de résoudre des problèmes simples et de communiquer efficacement avec leurs congénères.

Ces oiseaux sont originaires des régions tropicales et subtropicales du monde entier, mais ils sont également appréciés comme animaux de compagnie en raison de leur personnalité amicale et de leur capacité à apprendre.

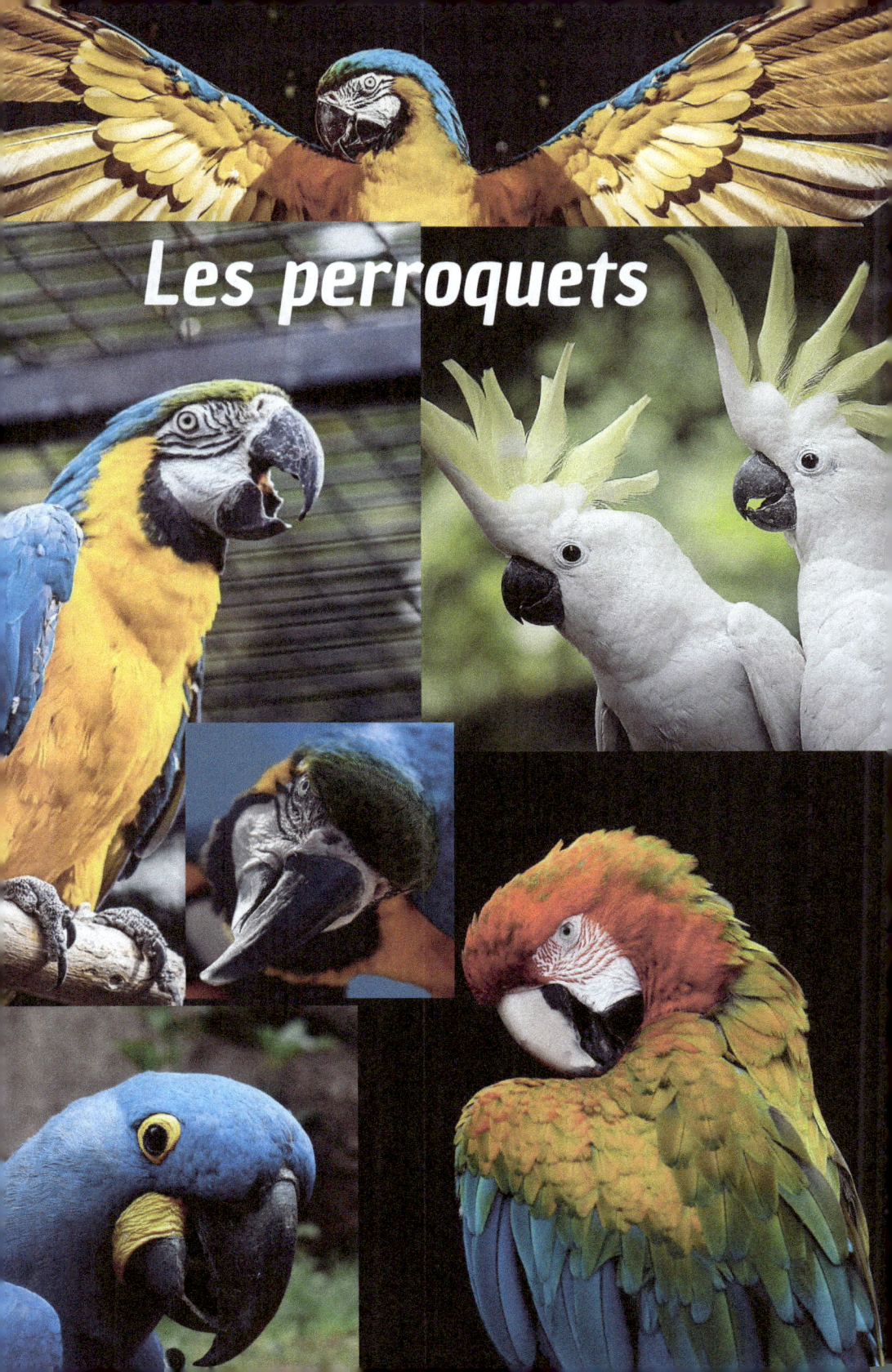

Les perroquets

Les singes

Les singes sont des primates qui se caractérisent par leur agilité, leur intelligence et leur comportement social complexe.

Ils appartiennent à l'ordre des Primates, qui comprend plus de 260 espèces.

Parmi les différentes espèces de singes, on trouve une grande variété de tailles, de couleurs et de comportements.

Par exemple, les petits singes comme les ouistitis sont agiles et bondissent d'arbre en arbre, tandis que les grands singes comme les gorilles ont une stature imposante et vivent en groupes sociaux complexes.

Les singes se nourrissent d'une grande variété de plantes, de fruits, de graines, d'insectes et parfois même de petits mammifères.

Leur intelligence leur permet de résoudre des problèmes, de fabriquer des outils simples et de communiquer entre eux à travers une variété de vocalisations et de gestes.

Les singes

Les singes habitent principalement les régions tropicales et subtropicales d'Afrique, d'Asie et d'Amérique du Sud, où ils jouent un rôle important dans l'équilibre écologique des écosystèmes forestiers.

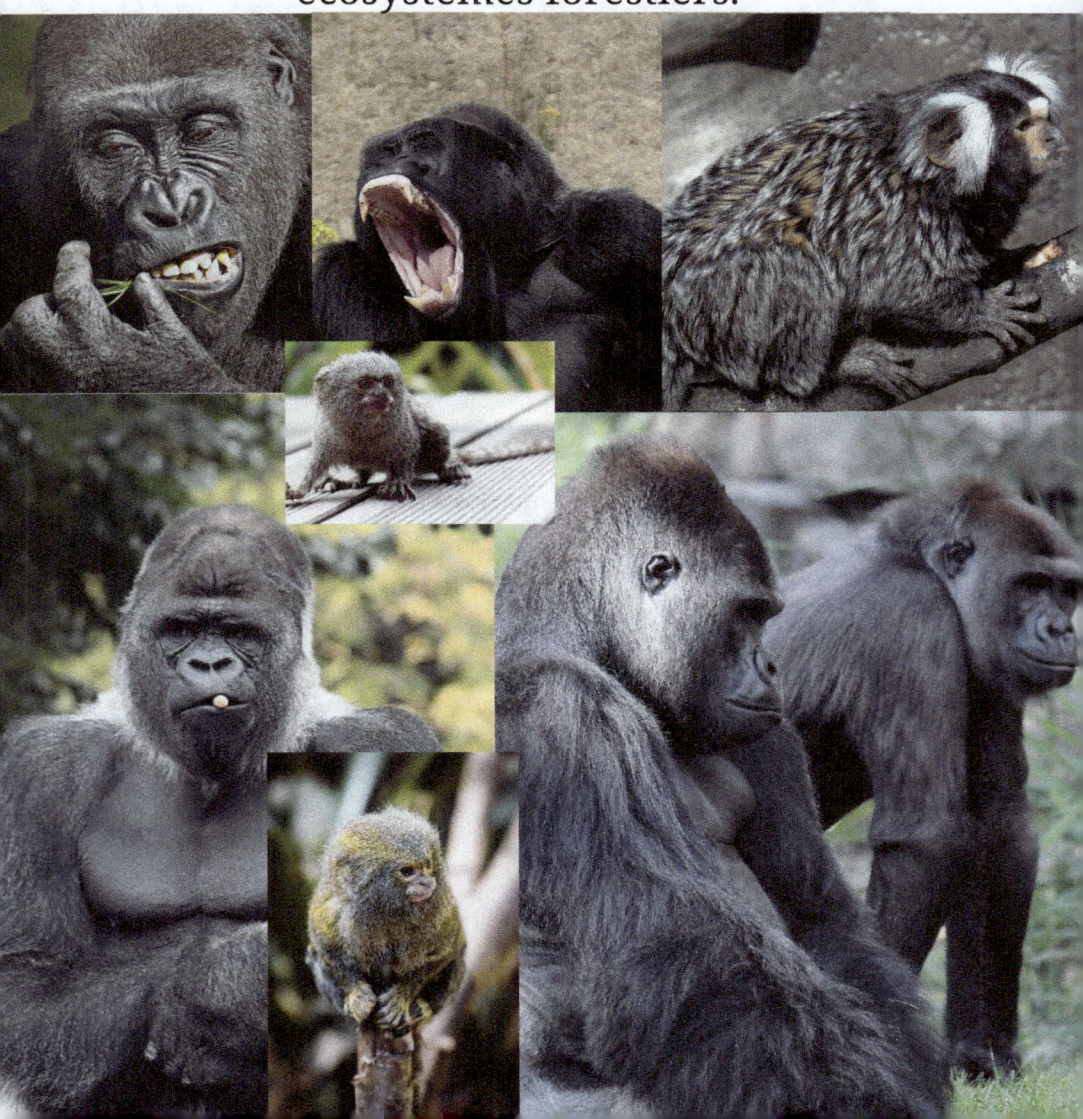

Les singes

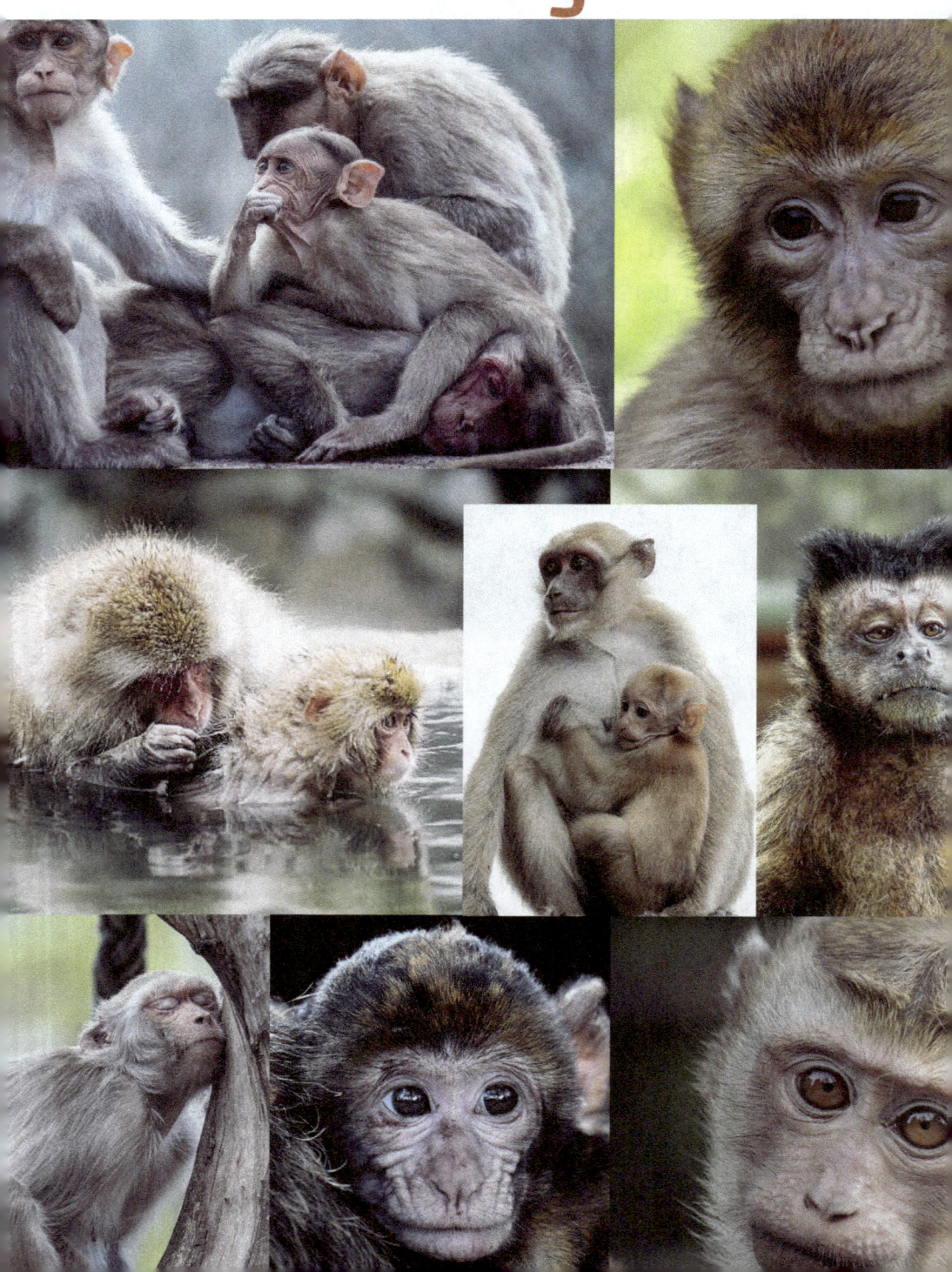

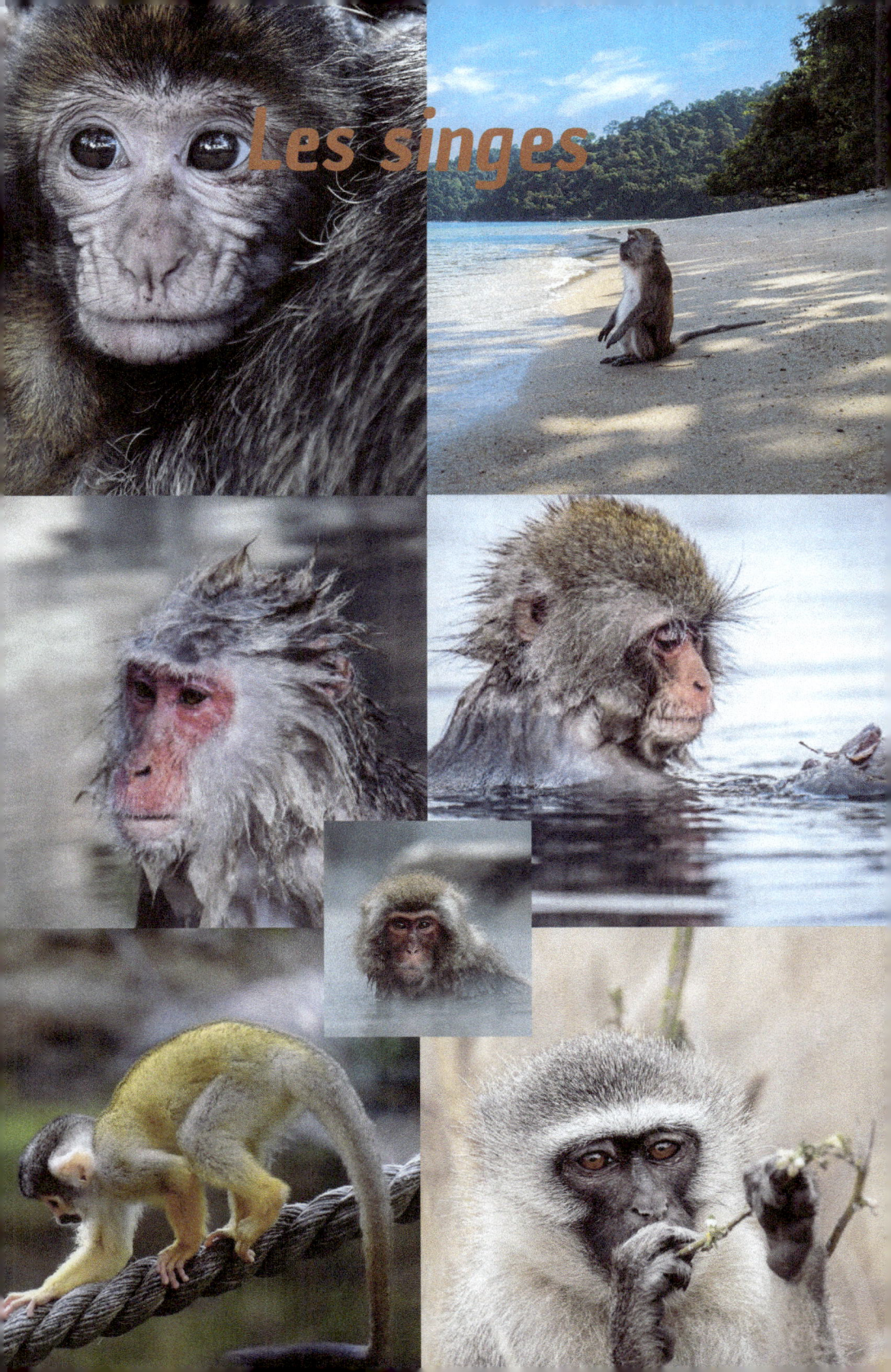

Les toucans

Les toucans sont des oiseaux tropicaux. Ils appartiennent à la famille des Ramphastidae, qui compte environ 40 espèces.

Chaque espèce de toucan a son propre motif de couleur distinctif et des variations de taille.

Par exemple, le toucan toco est le plus grand, avec son bec orange vif et son plumage noir et blanc, tandis que le toucan à bec rouge est plus petit avec un bec rouge éclatant.
Ces oiseaux sont principalement frugivores, se nourrissant de fruits, mais ils consomment également des insectes et des petits reptiles.

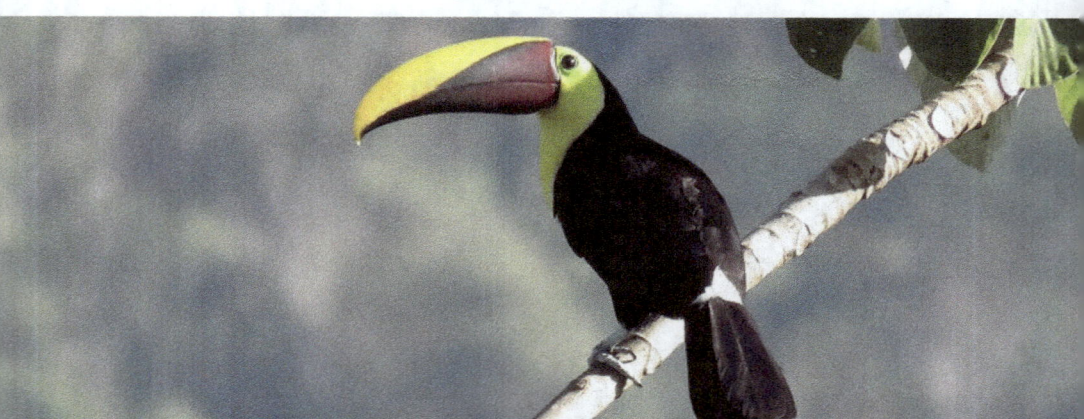

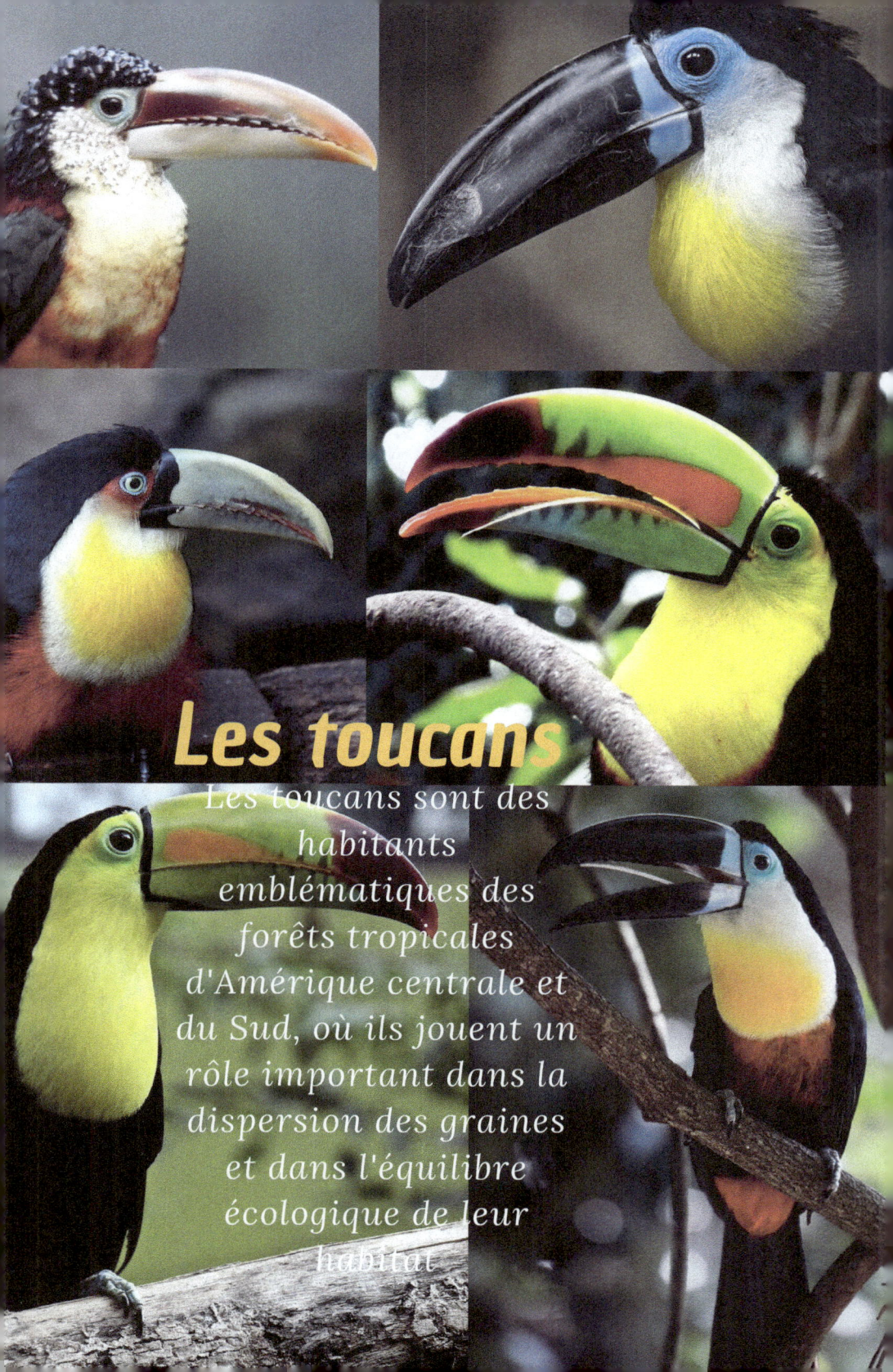

Les toucans

Les toucans sont des habitants emblématiques des forêts tropicales d'Amérique centrale et du Sud, où ils jouent un rôle important dans la dispersion des graines et dans l'équilibre écologique de leur habitat

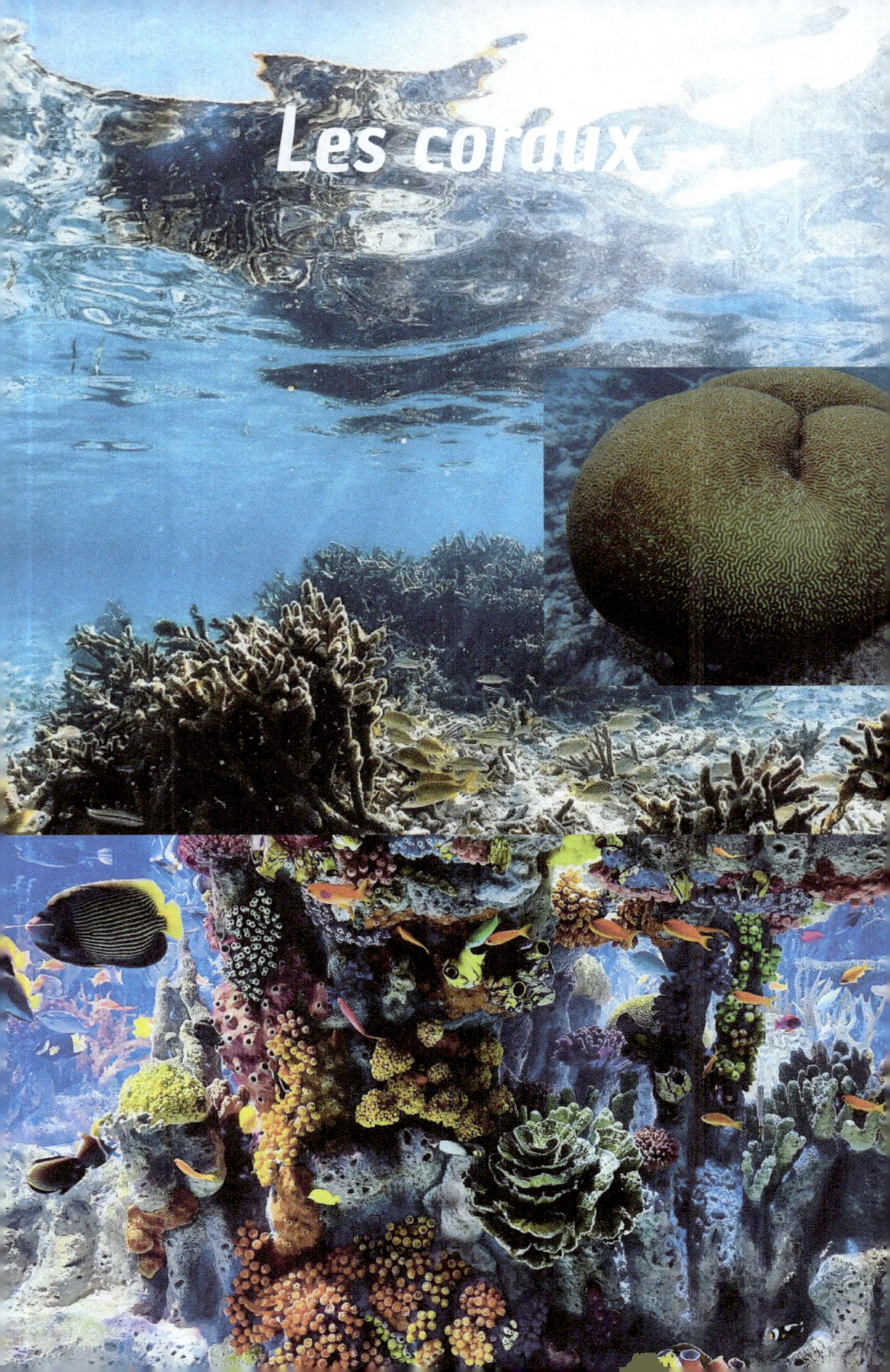

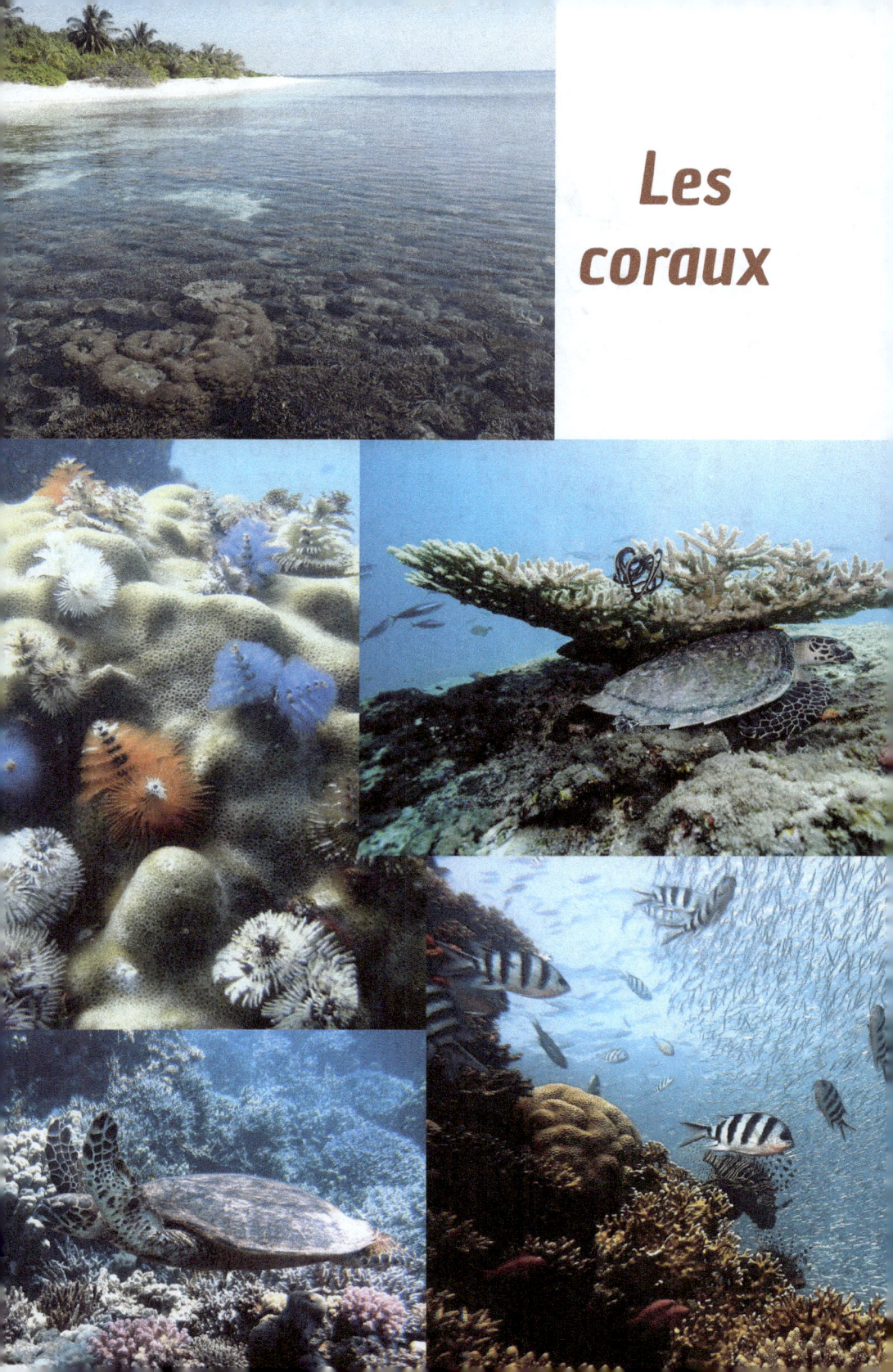

Les coraux

Les coraux

LES CORAUX SONT DES ORGANISMES MARINS VIVANTS QUI FORMENT DES COLONIES DANS LES OCÉANS DU MONDE ENTIER.

ILS SE COMPOSENT DE MINUSCULES ANIMAUX APPELÉS POLYPES, QUI SÉCRÈTENT UN SQUELETTE CALCAIRE POUR FORMER DES STRUCTURES SOLIDES.

LES CORAUX SONT CONNUS POUR LEURS COULEURS VIVES ET LEURS FORMES VARIÉES, ALLANT DES RÉCIFS CORALLIENS MASSIFS AUX CORAUX RAMIFIÉS ET CERVEAU.

CES ÉCOSYSTÈMES ABRITENT UNE BIODIVERSITÉ INCROYABLE, OFFRANT UN HABITAT À UNE MULTITUDE DE POISSONS, INVERTÉBRÉS ET AUTRES ORGANISMES MARINS.

LES CORAUX SONT ÉGALEMENT SENSIBLES AUX CHANGEMENTS ENVIRONNEMENTAUX, NOTAMMENT À LA HAUSSE DES TEMPÉRATURES DE L'EAU ET À LA POLLUTION, CE QUI LES REND VULNÉRABLES AU BLANCHISSEMENT ET À D'AUTRES MENACES.

Les Anémones

LES ANÉMONES DE MER SONT DES CRÉATURES FASCINANTES QUI HABITENT LES FONDS MARINS.

ELLES APPARTIENNENT À LA FAMILLE DES CNIDAIRES ET SE CARACTÉRISENT PAR LEURS TENTACULES URTICANTS ET LEUR SYMBIOSE AVEC LES POISSONS-CLOWNS.

LES ANÉMONES SE FIXENT GÉNÉRALEMENT SUR DES SURFACES ROCHEUSES OU D'AUTRES SUBSTRATS DANS LES EAUX PEU PROFONDES DES OCÉANS.

LEURS TENTACULES SONT DOTÉS DE CELLULES URTICANTES APPELÉES CNIDOCYTES, QUI LEUR PERMETTENT DE CAPTURER LEURS PROIES, GÉNÉRALEMENT DE PETITS POISSONS OU DES CRUSTACÉS.

LES ANÉMONES ÉTABLISSENT SOUVENT UNE RELATION SYMBIOTIQUE AVEC LES POISSONS-CLOWNS, QUI VIVENT AU SEIN DE LEURS TENTACULES SANS ÊTRE AFFECTÉS PAR LEURS PIQÛRES.

Les Anémones

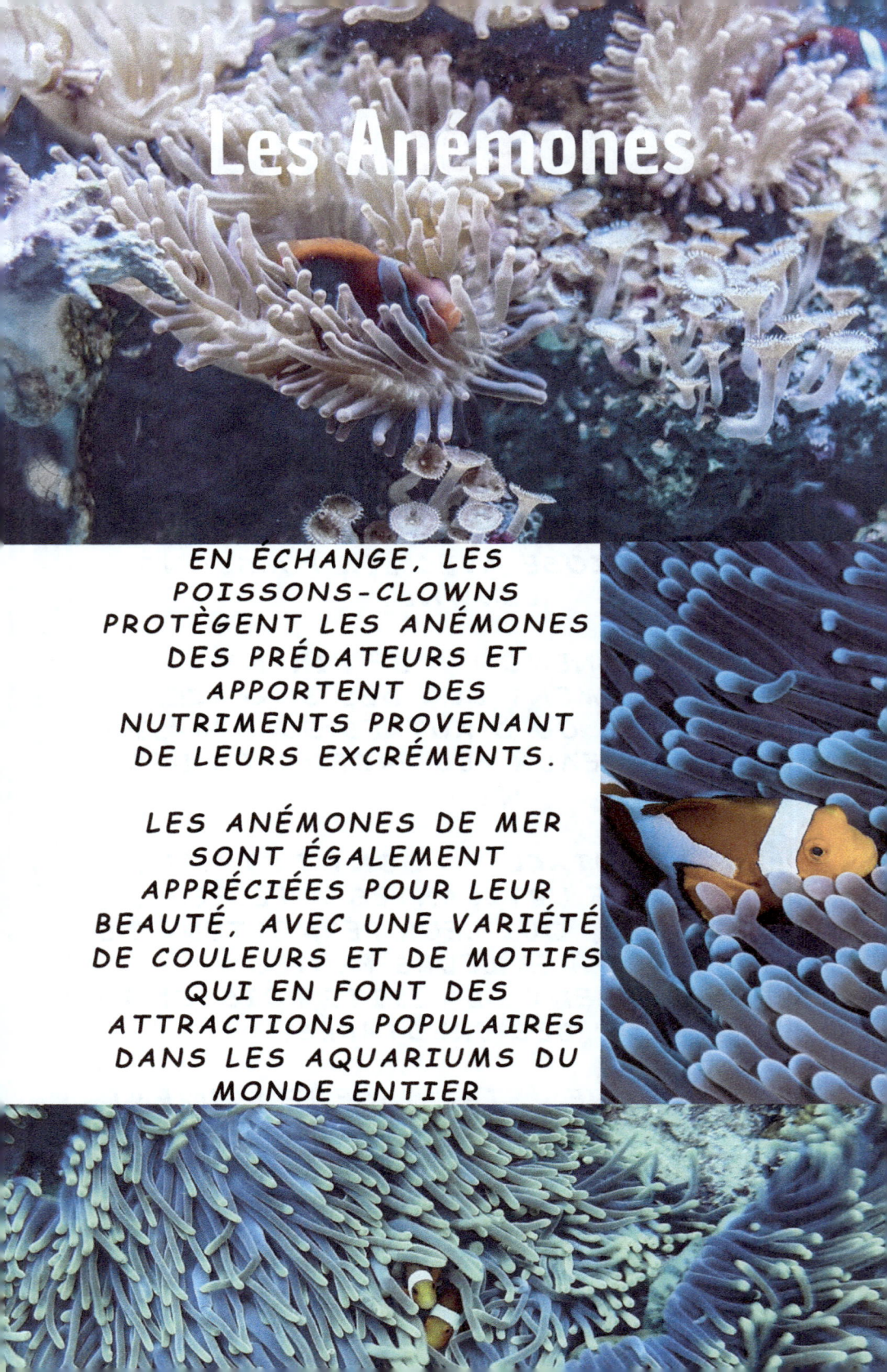

En échange, les poissons-clowns protègent les anémones des prédateurs et apportent des nutriments provenant de leurs excréments.

Les anémones de mer sont également appréciées pour leur beauté, avec une variété de couleurs et de motifs qui en font des attractions populaires dans les aquariums du monde entier

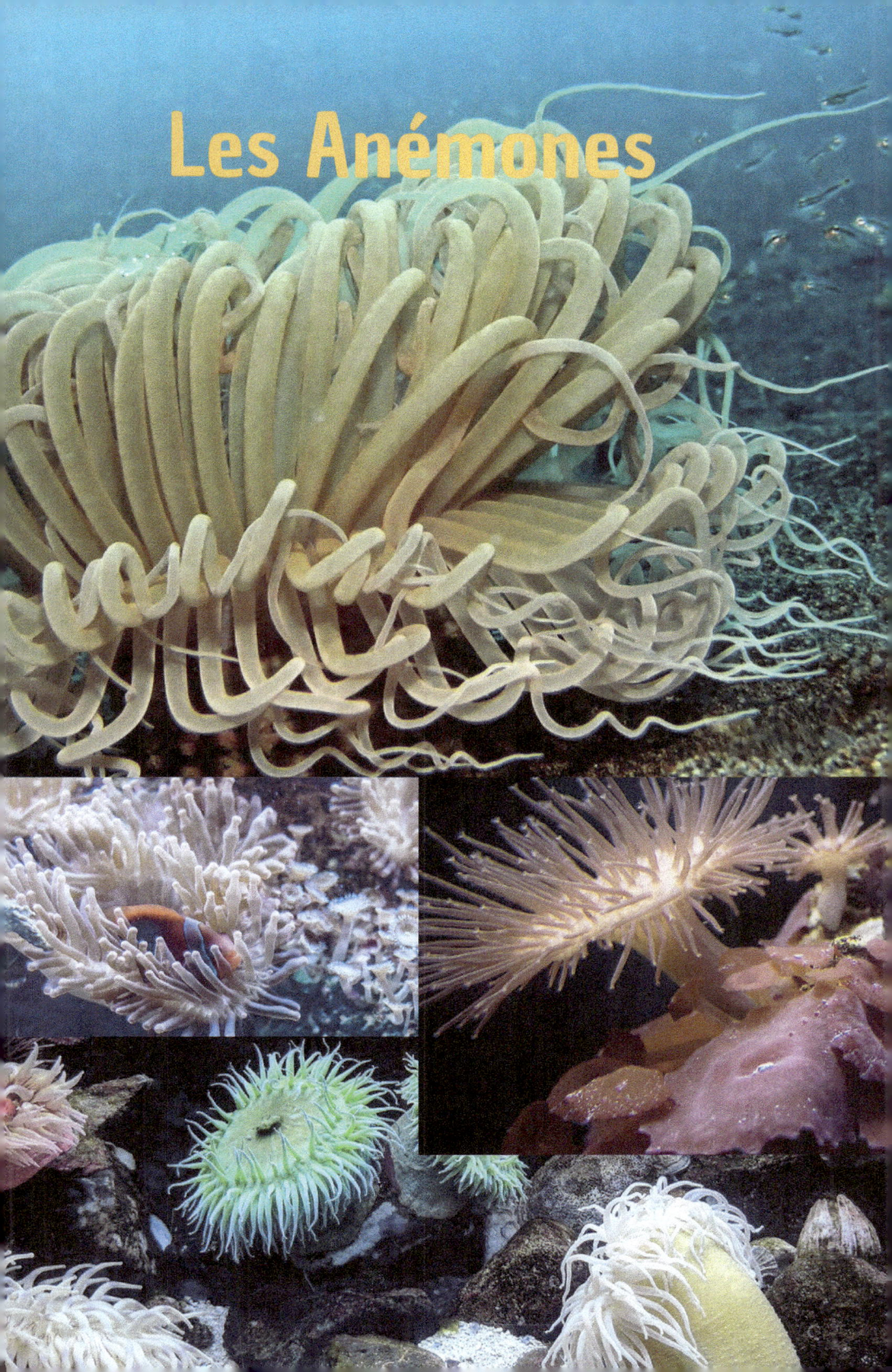

Les Anémones

OUVRAGES

N°1 Titre : "Symphonie de la Vallée Enchantée : Quand la Nature Révèle ses Secrets"

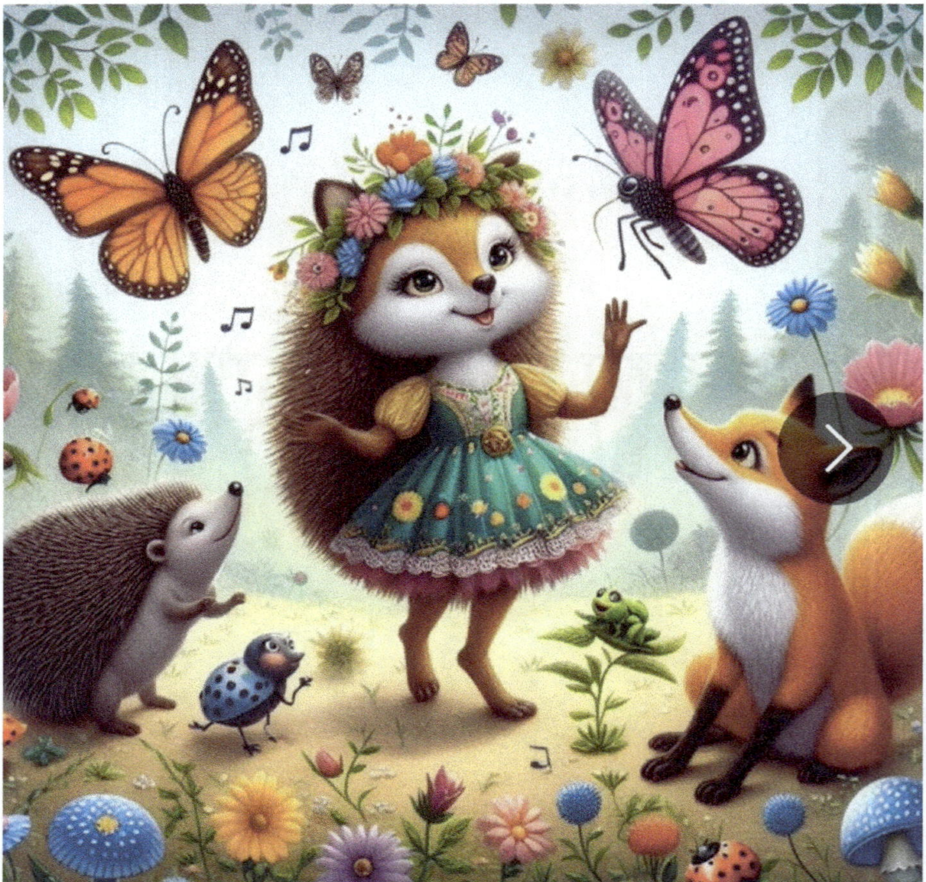

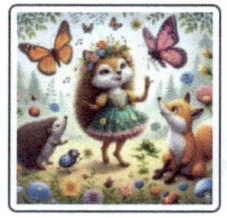
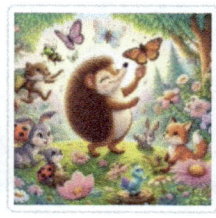
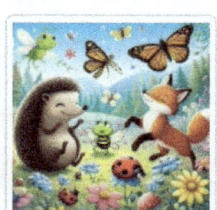
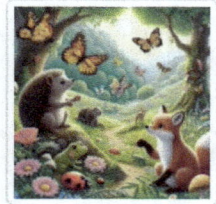

Plongez dans l'univers magique de la vallée enchantée de Pop'SH

Laissez-vous emporter par le rythme envoûtant de la nature, où les animaux dansent au gré du vent et des murmures des arbres.
Rencontrez le hérisson, la coccinelle et le papillon, des amis fidèles qui veillent avec dévouement sur les précieuses fleurs et les majestueux arbres de la vallée.
Imprégnez-vous de la joie de la grenouille, tandis que l'abeille butine pour préserver l'équilibre de cet écosystème.
Découvrez les jeux malicieux du renard et du lapin, où chaque être trouve sa place.

Ce livret vous invite à explorer les secrets et les trésors de cette vallée, où l'amitié et la bienveillance règnent en maîtres, formant une harmonie solide.

N°2 Titre : Symphonie Nocturne : Les Secrets de la Forêt Magique de Pop'SH

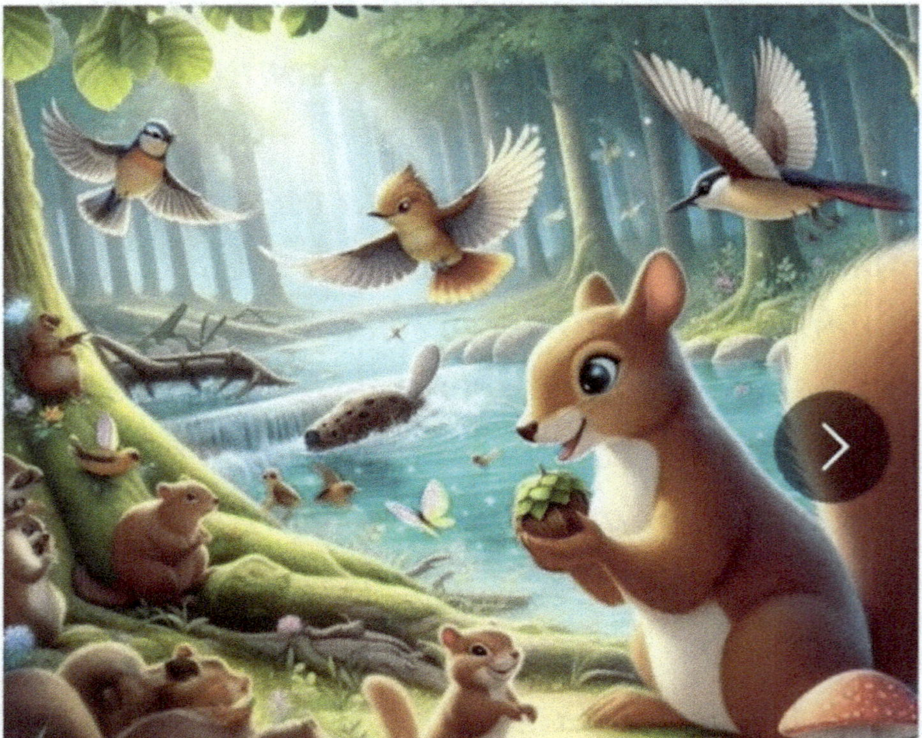

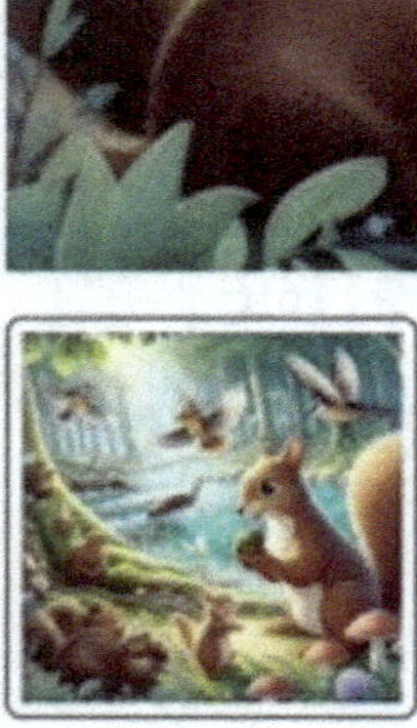

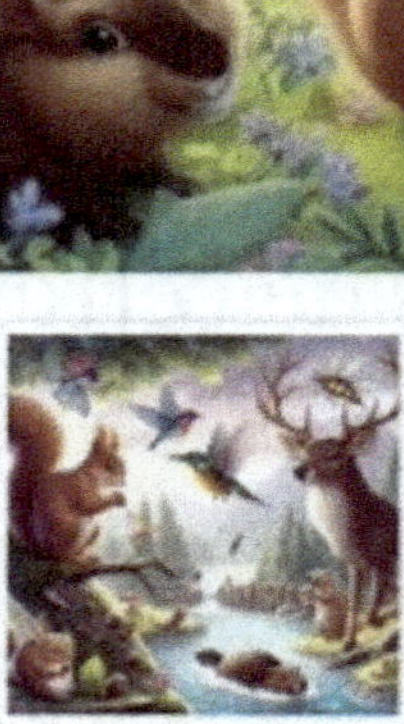

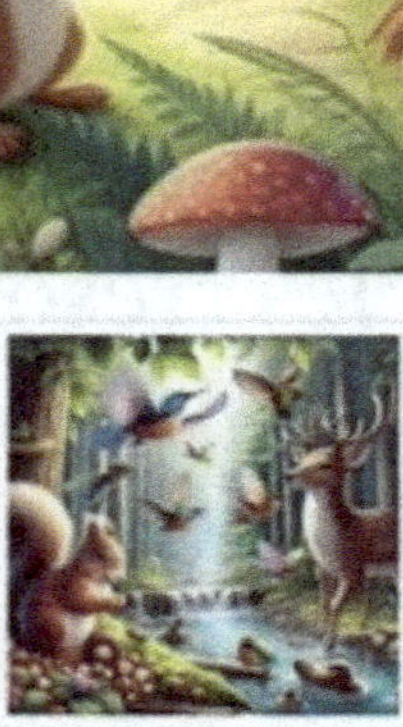

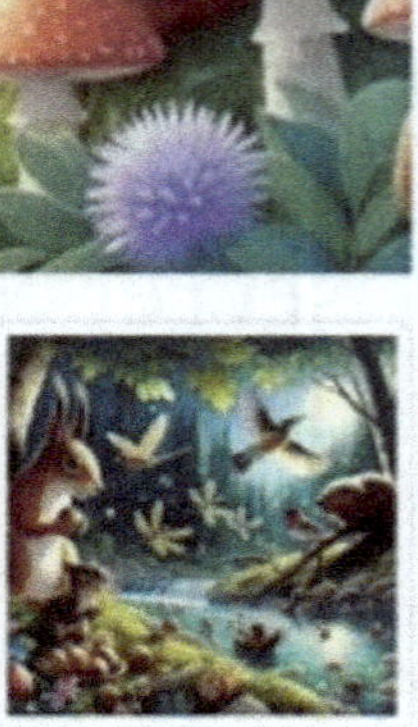

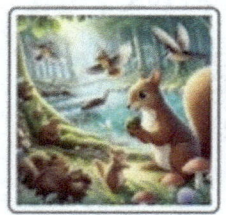
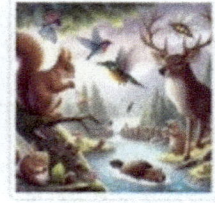
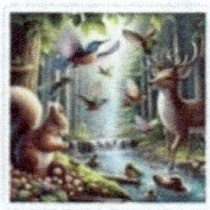
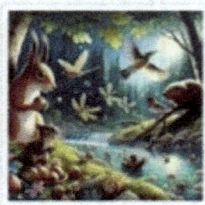

Plongez au cœur d'un écosystème vibrant où les habitants à plumes et à quatre pattes vivent en parfaite harmonie. Découvrez les ruses de l'écureuil malin qui partage ses trésors avec l'oiseau chanteur, tandis que le castor travaille sans relâche pour protéger la rivière des dangers.

Laissez-vous émerveiller par la grâce de la libellule qui virevolte, illuminant la forêt de ses éclats de lumière, pendant que le majestueux cerf veille avec sagesse sur son royaume verdoyant.

À travers les chants mélodieux et les danses gracieuses, plongez dans un monde où chaque créature occupe sa place dans une symphonie magique.

Ce livret vous transporte dans un univers où l'amitié et le respect règnent en maîtres, vous invitant à explorer les merveilles de la nature et à vous laisser emporter par la magie de Pop'SH.

N°3 Titre : Le Ballet de la Vie : Harmonie et Joie dans le Jardin Enchanté de Pop'SH

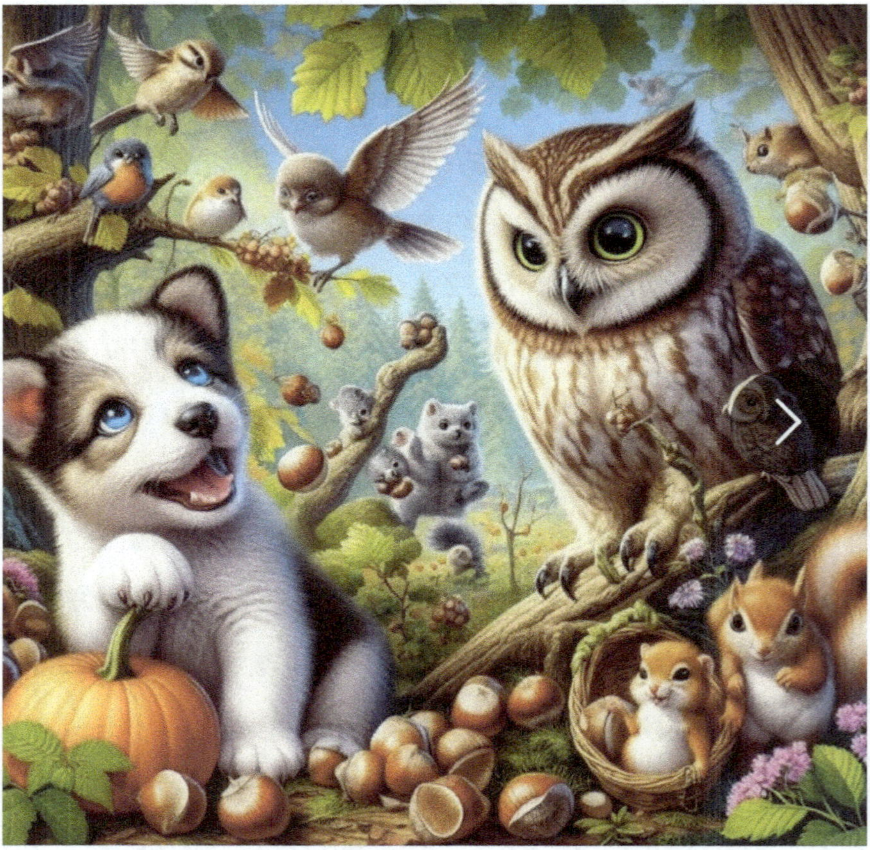

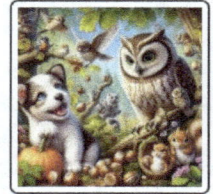
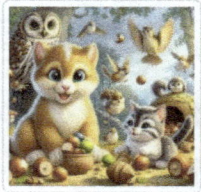
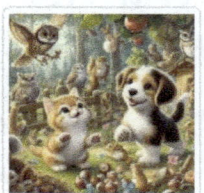
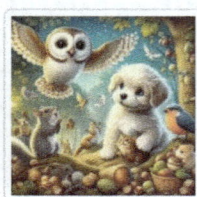

Explorez un écosystème où chaque animal cohabite avec respect et bienveillance, créant ainsi un havre de paix où la vie foisonne.

Suivez les aventures du chaton joueur et du chiot espiègle alors qu'ils découvrent ensemble les merveilles de ce monde magique, sous le regard bienveillant du hibou sage.

Admirez les écureuils jonglant avec les noisettes et les oiseaux construisant leurs nids douillets, chaque geste contribuant à préserver l'harmonie de ce lieu.

Au fil des pages, laissez-vous emporter par les rires et les jeux des animaux, mais aussi par la solennité du hibou sage qui rappelle l'importance de préserver.

Ce livret vous invite à plonger dans un monde où la joie et la préservation de la nature vont de pair, vous transportant dans un jardin où la magie opère à chaque instant.

N°5 Titre : Échos de la Prairie : Contes et Douceurs dans le Royaume de Pop'SH

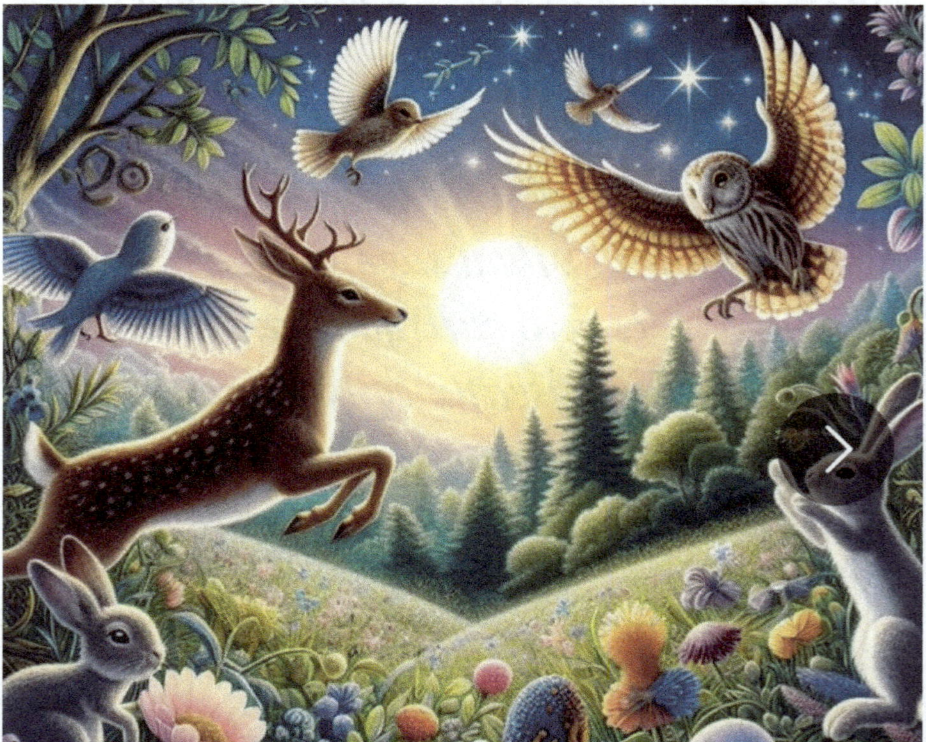

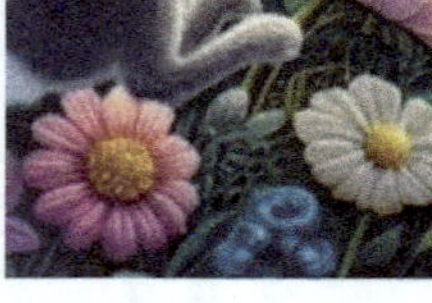

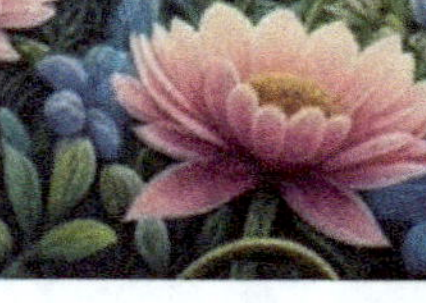

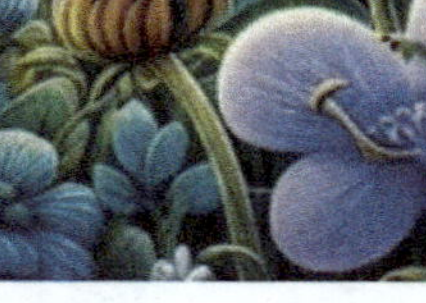

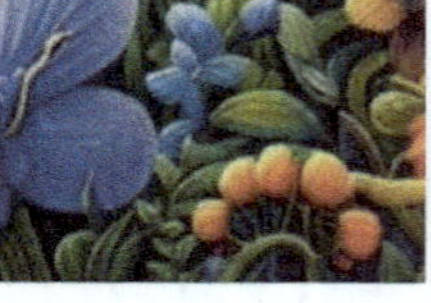

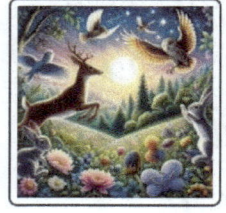
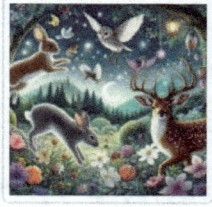
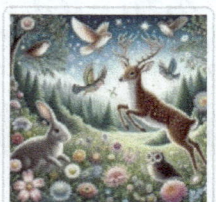
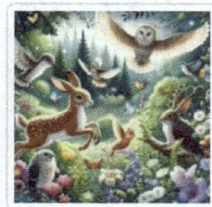

Explorez un monde où la diversité et la beauté de la nature sont célébrées à chaque instant.

Suivez les aventures du lapin qui bondit joyeusement entre les fleurs, tandis que la chouette nocturne veille silencieusement sur le sommeil des petits.

Admirez le colibri agile qui butine les fleurs sucrées, apportant ainsi sa touche de grâce à ce royaume verdoyant où le cerf majestueux règne en maître.

À travers les pages de ce livret, laissez-vous emporter par les histoires douces et émouvantes que se racontent les animaux sous la lueur de la lune.

Imprégnez-vous du murmure doux du colibri et du cerf, témoignant de l'amitié et de la gratitude qui règnent en maîtres dans ce paradis naturel.

Ce livret vous invite à découvrir les trésors cachés de la prairie de Pop'SH, où chaque cri, chaque battement d'aile, chaque pas résonne en parfaite harmonie avec l'univers qui l'entoure.

POP'SH
PROGRAMME D'ORIENTATION PRORE
POUR SYSTÈMES HARMONIEUX.

Adresse et contact

ADRESSE MAIL :

POPSH2025@GMAIL.COM

ADRESSE POSTAL :

BAYLE .RUE SOLITUDE 80 CHAMP GRILLÉ

97160 LE MOULE

France

Lien environnement
https://gratuit-4602711.webadorsite.com/
Lien livre et brochures
https://gratuit-4624819.webadorsite.com/

REMERCIEMENTS

Je tiens à exprimer ma profonde gratitude à tous ceux qui ont contribué à la réalisation de ce livre, qu'ils soient visibles ou invisibles. Merci.

Un merci spécial aux collaborateur, dont l'expertise et le dévouement ont enrichi chaque page de ce livre.

Je suis reconnaissant envers mes lecteurs, dont la passion pour la lecture alimente mon désir de raconter vos histoires.

Votre engagement et votre enthousiasme sont le moteur qui me pousse à poursuivre. Enfin, je remercie la nature elle-même, source infinie de beauté et d'inspiration. Puissions-nous toujours nous efforcer de la préserver et de la protéger pour les générations futures.

Avec toute ma gratitudes "POP'SH"

www.ingramcontent.com/pod-product-compliance
Lightning Source LLC
Chambersburg PA
CBHW070309230526
45470CB00002B/788